합격을 결정짓는

임기원 필수서

부동산세법 2차

박문각 공인중개사

브랜드만족 1위 박문각

2025

근거자료 별면표기

이 책의 **차례**

조세총론

'조세'란 **국가나 지방자치단체**가 필요한 일반경비 및 특정목적 **경비를 조달**하기 위하여 구체적인 **개별적 반대급부 없이** 납세의무자인 개인 또는 법인으로부터 **강제로** 거두어들이는 **금전적 부담**을 말한다.

1.조세를 부과하는 주체는 **국가** 또는 **지방자치단체**이다.

  (1) **국가**가 부과하는 경우 : **국세** (13개)

  (2) **지방자치단체**가 부과하는 경우 : **지방세** (11개)

> <비교> 공공기관이나 각종 공익단체기 부과히는 경우 : 공과금 또는 회비
> (예시) 전기요금, 수도요금, 가스요금, 적십자 회비, 상공회의소 회비 등

2. 조세는 국가 또는 지방자치단체의 **경비 충당**을 위한 재정수입을 조달할 목적으로 부과된다.

  (1) 1차적 목적 : 경비충당을 위한 재정수입

  (2) 2차적 목적 : 정책적 목적(투기방지 및 경제활성화 등)   (예시) 종합부동산세

  <비교> 위법행위에 대한 제제 목적으로 부과하는 경우 : 벌금, 과태료, 과료 등

---

3. 조세는 법률에 규정된 **과세요건을 충족한 자**(개인 또는 법인)에게 부과된다.

  ㄱ. 과세요건이 충족되면 납세의무는 자동으로 성립한다.

  ㄴ. 과세권자나 본인의 의사는 전혀 개입되지 않는다.

  ㄷ. 일반적인 과세요건 : 과세대상, 과세표준, 세율, 납세의무자 등

4. 조세는 **개별적 또는 직접적인 반대급부 없이** 부과된다.

  ㄱ. 조세는 개별적이고 직접적인 대가성이 없다.

  ㄴ. 공통적이고 포괄적인 대가성은 있다.(국방, 경제, 교육, 환경 등)

5. 조세는 **강제적으로 징수**되는 수입이다.

  ㄱ. 조세는 계약관계가 아니다.

  ㄴ. 조세는 법률에 규정에 의해 강제적으로 징수된다.

6. 조세는 **원칙**적으로 **금전급부**이다.

   ㄱ. 조세는 사용의 편의성을 위해 **금전급부**(현금, 수표, 카드 등)을 원칙으로 한다.

   ㄴ. 다만, 일부 세목에 대해서는 **분할납부**와 **물납**(재산세, 상속세)을 인정하고 있다.

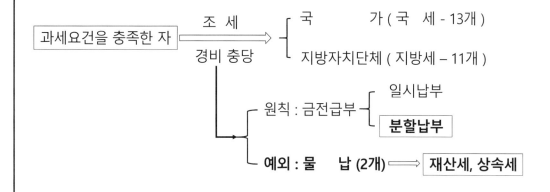

		물 납	분할납부
취 득	취 득 세	X	X
	등 록 면 허 세		
보 유	재 산 세	1천만원 초과 (관할 구역 내 부동산)	250만원 초과 - 3개월
	종 합 부 동 산 세	X	250만원 초과 - 6개월
양 도	소 득 세	X	1천만원 초과 - 2개월

(1) 과세주체에 따른 분류

1) 국가 (세무서)가 부과하는 경우 : 국 세 (13개)

종합부동산세, 소득세, 법인세, 부가가치세, 상속세, 증여세, 증권거래세, 개별소비세, 인지세, 주세, 교육세, 교통에너지환경세, 농어촌특별세

2) 지방자치단체 (특별시, 광역시, 도, 시, 군, 구)가 부과하는 경우 : 지방세 (11개)

취득세, 등록면허세, 재산세, 지방소득세, 레저세, 담배소비세, 지방소비세, 주민세, 자동차세, 지역자원시설세, 지방교육세

구 분	과세주체
취득세	**특별시, 광역시, 도**
등록면허세	**도, 구**
재산세	**시, 군, 구**

		물 납	분할납부	과세주체	
취 득	**취 득 세**	X	X	지방세	(특 / 광 / 도)
	등 록 면 허 세	X	X	지방세	(도 / 구)
보 유	**재 산 세**	가능	가능	지방세	(시 / 군 / 구)
	종 합 부 동 산 세	X	가능	국 세	(세 무 서)
양 도	**소 득 세**	X	가능	국 세	(세 무 서)

(2) 조세의 사용목적에 따른 분류

　　1) 일반경비에 사용 : **보통세** (대부분)

　　2) 목적경비에 사용 : **목적세** (5개)

　　　　① 국　세 : **교**육세, **교통·에너지·환경세**, **농**어촌특별세

　　　　② 지방세 : **지**역자원시설세, **지**방교육세

(3) 조세의 전가 유무에 따른 분류

　　1) 조세전가가 불가능한 경우(납세자 = 담세자) : **직접세** (대부분)

　　2) 조세전가가 가능한 경우(납세자 ≠ 담세자) : **간접세**

　　　　① 국　세 : 부가가치세, 개별소비세, 주세, 인지세 등

　　　　② 지방세 : 담배소비세, 지방소비세 등

		물　납	분할납부	과세주체	사용목적	전가유무
취득	취 득 세	X	X	지방세 (특 / 광 / 도)	보통세	직접세
	등 록 면 허 세	X	X	지방세 (도 / 구)	보통세	직접세
보유	재 산 세	가능	가능	지방세 (시 / 군 / 구)	보통세	직접세
	종 합 부 동 산 세	X	가능	국 세 (세 무 서)	보통세	직접세
양도	소 득 세	X	가능	국 세 (세 무 서)	보통세	직접세

목적세	국　세	교육세, 교통·에너지·환경세, 농어촌특별세
	지방세	지역자원시설세, 지방교육세

(4) 과세표준과 세율에 따른 분류

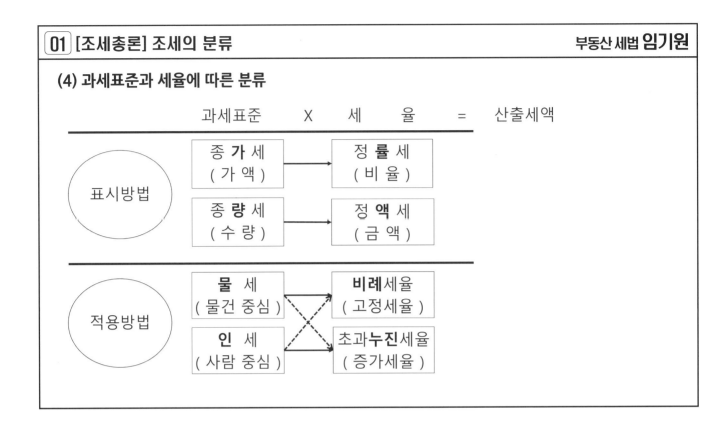

과세표준   X   세   율   =   산출세액

| 표시방법 | 종 **가** 세
(가 액) | → | 정 **률** 세
(비 율) |
| | 종 **량** 세
(수 량) | → | 정 **액** 세
(금 액) |

| 적용방법 | **물** 세
(물건 중심) | | **비례**세율
(고정세율) |
| | **인** 세
(사람 중심) | | 초과**누진**세율
(증가세율) |

[「소득세법」 제55조] 소득세 세율 : 6% ~ 45% 8단계 초과누진세율

과세표준		세 율
	1,400만원 이하	과세표준의 6%
1,400만원 초과	5,000만원 이하	84만원 + (1,400만원을 초과하는 금액의 15%)
5,000만원 초과	8,800만원 이하	624만원 + (5,000만원을 초과하는 금액의 24%)
8,800만원 초과	1억 5천만원 이하	1,536만원 + (8,800만원을 초과하는 금액의 35%)
1억 5천만원 초과	3억원 이하	3,706만원 + (1억 5천만원을 초과하는 금액의 38%)
3억원 초과	5억원 이하	9,406만원 + (3억원을 초과하는 금액의 40%)
5억원 초과	10억원 이하	1억 7,406만원 + (5억원을 초과하는 금액의 42%)
10억원 초과		3억 8,406만원 + (10억원을 초과하는 금액의 45%)

	과세주체	사 용 목 적	전 가 유 무	표시방법				적용방법			
				과세표준		세 율		과세표준		세 율	
취 득 세	지방세 (특·광·도)	보통세	직접세	종가세	X	정률세	X	물세	X	비례세	X
등 록 면 허 세	지방세 (도·구)	보통세	직접세	종가세	종량세	정률세	정액세	물세	X	비례세	X
재 산 세	지방세 (시·군·구)	보통세	직접세	종가세	X	정률세	X	물세	인세	비례세	누진세
종합부동산세	국 세 (세무서)	보통세	직접세	종가세	X	정률세	X	X	인세	비례세	누진세
소 득 세	국 세 (세무서)	보통세	직접세	종가세	X	정률세	X	-X	인세	비례세	누진세

---

01 [조세총론] 조세의 분류

(5) 독립성 여부에 따른 분류

1) 독립적으로 부과 : **독립세**

2) 다른 세금에 붙여서 부과 : **부가세**

독립세	부가세	
	납부할 세액에 부가	감면세액에 부가
취 득 세	• 농어촌특별세 10% • 지방교육세 20%	• 농어촌특별세 20%
등 록 면 허 세	• 지방교육세 20%	• 농어촌특별세 20%
재 산 세	• 지방교육세 20%	- -
종합부동산세	• 농어촌특별세 20%	- -
소 득 세	-	• 농어촌특별세 20%

	취득세	등록면허세	재산세	종합부동산세	양도소득세
과세주체	지방세 (특·광·도)	지방세 (도·구)	지방세 (시·군·구)	국 세 (세무서)	국 세 (세무서)
사용목적	보통세	보통세	보통세	보통세	보통세
전가유무	직접세	직접세	직접세	직접세	직접세
과세표준	종가세 X	종가세 종량세	종가세 X	종가세 X	종가세 X
	물 세 X	물 세 X	물 세 인 세	X 인 세	X 인 세
세 율	정률세 X	정률세 정액세	정률세 X	정률세 X	정률세 X
	비례세 X	비례세 X	비례세 누진세	비례세 누진세	비례세 누진세
부 가 세	농어촌특별세 지방교육세 농어촌특별세	X 지방교육세 농어촌특별세	X 지방교육세 X	농어촌특별세 X X	X X 농어촌특별세
물 납	X	X	1천만원 초과	X	X
분할납부	X	X	250만원 초과	250만원 초과	1천만원 초과

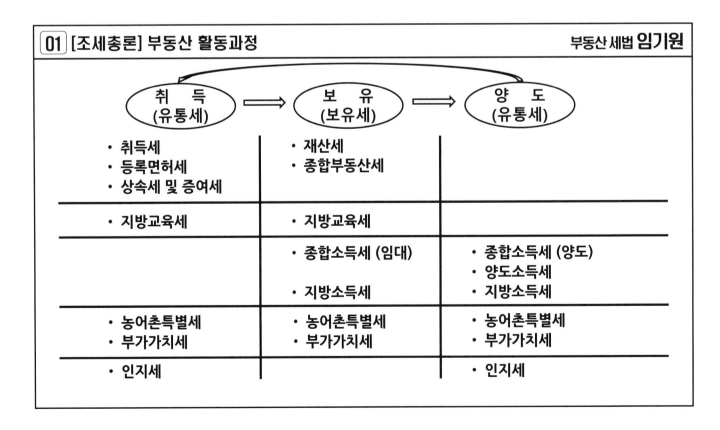

01 [조세총론] 부동산 활동과정   부동산 세법 **임기원**

취 득 (유통세)	보 유 (보유세)	양 도 (유통세)
· 취득세 · 등록면허세 · 상속세 및 증여세	· 재산세 · 종합부동산세	
· 지방교육세	· 지방교육세	
	· 종합소득세 (임대) · 지방소득세	· 종합소득세 (양도) · 양도소득세 · 지방소득세
· 농어촌특별세 · 부가가치세	· 농어촌특별세 · 부가가치세	· 농어촌특별세 · 부가가치세
· 인지세		· 인지세

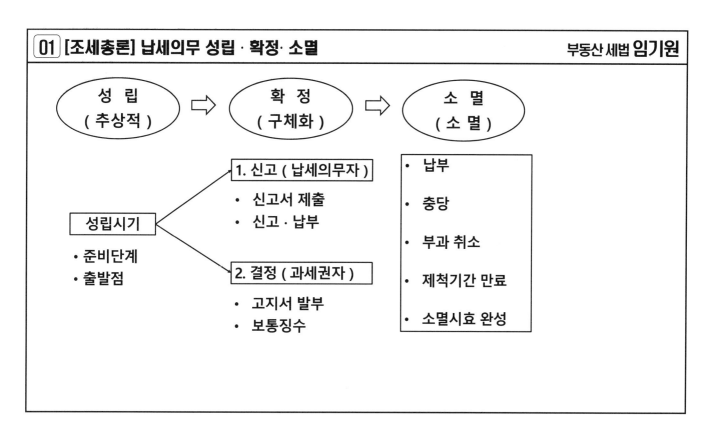

구 분			납세의무 성립시기
지방세	**취득세**		취득세 과세물건을 **취득하는 때**
	등록면허세	**등록분**	재산권과 그 밖의 권리를 **등기하거나 등록하는 때**
		면허분	
	재산세		**과세기준일 (매년 6월 1일)**
	지역자원시설세	소방분(건축물 및 선박)	**과세기준일 (매년 6월 1일)**
		그 외	
	주민세	개인분 / 사업소분	**과세기준일 (매년 7월 1일)**
		종업원분	
	자동차세	소유분	납기가 있는 달의 1일
		주행분	

구　분			납세의무 성립시기
국　세	종합부동산세		**과세기준일 (매년 6월 1일)**
	소득세	원　칙	과세**기간 (1.1 ~ 12.31)**이 **끝나는 때**
		중간예납	중간예납**기간 (1.1 ~ 6.30)이 끝나는 때**
		예정신고	과세표준이 되는 금액이 발생하는 **달의 말일**
		원천징수	소득금액 또는 수입금액을 **지급하는 때**

구　분		납세의무 성립시기
부가세	지방교육세	**그** 과세표준이 되는 **세목**의 납세의무가 **성립**하는 때
	농어촌특별세	**본세**의 납세의무가 **성립**하는 때
수시부과 하는 국세 및 지방세		수시부과 할 **사유**가 발생하는 때

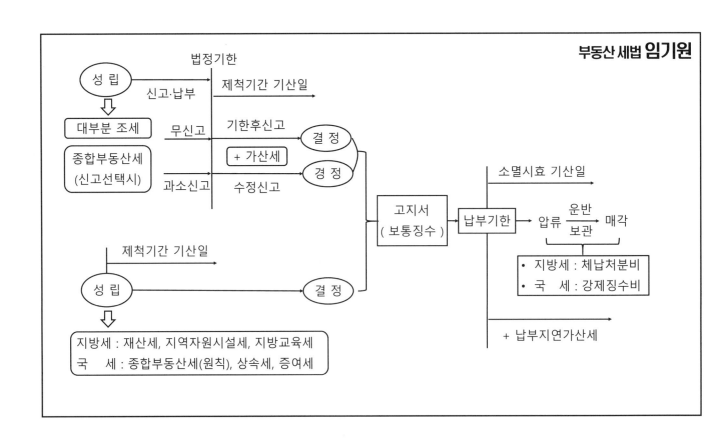

(1) 대부분의 조세 ← (신고납부방식으로 납부하는 종합부동산세 포함)

ㄱ. 원칙 : **납세의무자**가 과세표준과 세액을 정부 또는 지방자치단체에 **신고하는 때** 확정된다.

ㄴ. 예외 : 다음의 경우에는 정부 또는 지방자치단체가 과세표준과 세액을 결정 또는 경정하는 때에 확정된다.

    ㉠ 납세의무자가 과세표준과 세액의 신고를 하지 아니한 경우

    ㉡ 신고한 과세표준과 세액이 세법에서 정하는 바와 맞지 아니한 경우(과소신고 등)

(2) 일부 세목

- 해당 국세 또는 지방세의 과세표준과 세액을 **정부 또는 지방자치단체**가 **결정하는 때** 확정된다.

지방세	**재산세**, 지역자원시설세(소방분에 한함), 재산세에 부가되는 지방교육세 등
국 세	**종합부동산세, 상속세, 증여세**

원칙적인 확정방법	조 세	징수방법
납세의무자가 **신고**하는 때 (신고서 제출)	대부분 조세 종합부동산세(납세자가 신고서 제출시)	지방세 : 신고납부 국 세 : 신고납세
정부가 **결정**하는 때	**상속세, 증여세** **종합부동산세(원칙)** **재산세**, 지역자원시설세(소방분에 한함) 재산세에 부가되는 지방교육세 주민세(개인분에 한함), 자동차세	지방세 : 보통징수 국 세 : 정부부과

- "신고납부"란 납세의무자가 그 납부할 지방세의 과세표준과 세액을 신고하고, 신고한 세금을 납부하는 것을 말한다.
- "**보통징수**"란 세무공무원이 납세**고지서**를 납세자에게 발급하여 지방세를 징수하는 것을 말한다.
- "**특별징수**"란 지방세를 징수할 때 편의상 **징수할 여건이 좋은 자**로 하여금 징수하게 하고 그 징수한 세금을 납부하게 하는 것을 말한다.

구 분		납세의무 성립시기	납세의무 확정방법		
지방세	취 득 세	취득세 과세물건을 **취득하는 때**	**원칙 : 신고**	예외 : 결정·경정	+ 가산세
	등 록 면 허 세	권리를 **등기 또는 등록하는 때**	**원칙 : 신고**	예외 : 결정·경정	+ 가산세
	재 산 세	**과세기준일 (매년 6월 1일)**	원칙 : 결정	-	
국 세	종합부동산세	**과세기준일 (매년 6월 1일)**	원칙 : 결정	-	
			특례 : 신고 가능	예외 : 결정·경정	+ 가산세
	소 득 세	과세**기간이 끝나는 때**	**원칙 : 신고**	예외 : 결정·경정	+ 가산세

---

1. 정의

   "가산세"란 세법에서 규정하는 의무를 성실하게 이행하도록 하기 위하여 의무를 이행하지 아니할 경우에 세법에 따라 산출한 세액에 가산하여 징수하는 금액을 말한다.

2. 특징

   가산세는 해당 의무가 규정된 세법의 해당 국세 또는 지방세의 세목으로 한다. 다만, 해당 국세 또는 지방세를 감면하는 경우에는 **가산세는 감면대상에 포함시키지 아니한다.**

3. 납세의무 성립시기

   1) 무신고가산세 또는 과소신고가산세 : 법정신고기한이 경과하는 때
   2) 납부지연가산세
      ① 법정납부기한까지 납부하지 아니한 경우 : 법정납부기한 경과 후 1일마다 그 날이 경과하는 때
      ② 고지서상 납부기한까지 납부하지 아니한 경우 : 납세고지서에 따른 납부기한이 경과하는 때

법정기한까지 신고 또는 납부 불이행	고지서상 납부기한까지 납부 불이행	

① **신고**하지 아니한 경우
   - **무신고**가산세 : 납부세액 X **20%**
                  (사기 · 부정 **40%**)
 	
② 적게(과소) **신고**한 경우
   - **과소신고**가산세 : 납부세액 X **10%**
                  (사기 · 부정 **40%**)
 	
③ 납부하지 않거나 적게(과소) **납부**한 경우
   - **납부지연**가산세 : 미납일수 X 10만분의 22
	지방세	< 납부지연가산세 >
		ⓐ 3%
		ⓑ 미납**월**수 (최장 60개월) X **1만분의 66**
		   - **45만원 미만**인 경우는 적용하지 않음

	국 세	< 납부지연가산세 > ⓐ 3% ⓑ 미납**일**수 (최장 5년) X 10만분의 22 - **150만원 미만**인 경우는 적용하지 않음

구 분		지방세			국 세			소득세
		취득세	등록면허세	재산세	종합부동산세			
					원 칙	신고선택		
가산세	무신고가산세	20% (40%)	20% (40%)	-	-	-		20% (40%)
	과소신고가산세	10% (40%)	10% (40%)	-	-	10% (40%)		10% (40%)
	납부지연가산세	① 일 0.022%	① 일 0.022%	-	① -	① 일 0.022%		① 일 0.022%
납부지연가산세		② 3% ③ 월 0.66%	② 3% ③ 월 0.66%	② 3% ③ 월 0.66%	② 3% ③ 일 0.022%	② 3% ③ 일 0.022%		② 3% ③ 일 0.022%

① 법정납부기한까지 납부하지 않거나 적게 납부한 경우
② 고지서상 납부기한까지 납부하지 아니한 경우
③ 고지서상 지정납부기한까지 납부하지 아니한 경우

취　　득　　세	무신고가산세	납부할 세액 × 20% (사기 · 부정 40%)
	과소신고가산세	납부할 세액 × 10% (사기 · 부정 40%)
	납부지연가산세	납부할 세액 × 미납일수 × 10만분의 22
	법인 + 장부작성의무 불이행	**산출세액 × 10%**
	중가산세	**산출세액 × 80%**
등 록 면 허 세	무신고가산세	납부할 세액 × 20% (사기 · 부정 40%)
	과소신고가산세	납부할 세액 × 10% (사기 · 부정 40%)
	납부지연가산세	납부할 세액 × 미납일수 × 10만분의 22
재　　산　　세	-	-
종 합 부 동 산 세 (신 고 선 택 시)	-	-
	과소신고가산세	납부할 세액 × 10% (사기 · 부정 40%)
	납부지연가산세	납부할 세액 × 미납일수 × 10만분의 22
양 도 소 득 세	무신고가산세	납부할 세액 × 20% (사기 · 부정 40%)
	과소신고가산세	납부할 세액 × 10% (사기 · 부정 40%)
	납부지연가산세	납부할 세액 × 미납일수 × 10만분의 22
	신축 · 증축 + 5년 이내 양도 감정가액 또는 환산취득가액	**감정가액 또는 환산취득가액 × 5%**

01 [조세총론] 기한후신고 및 수정신고　　　　　부동산 세법 임기원

	기 한 후 신 고	수 정 신 고
적용대상	신고서를 제출하지 **아니한 자**	신고서는 제출하였지만 과소신고**한 자**
신고기한	결정하여 통지하기 전 까지	경정하여 통지하기 전 까지
확 정 력	**확정력 없음** (신고일부터 **3개월 이내에 통지**)	**확정력 있음(증액)**
가산세 감면 (신고와 동시에 납부를 이행하지 않더라도 감면 받을 수 있다)	**무신고**가산세 ⇒ 감면 • 1개월 이내 : 100분의 50 감면 • 3개월 이내 : 100분의 30 감면 • 6개월 이내 : 100분의 20 감면	**과소신고**가산세 ⇒ 감면 • 1개월 이내　　　　　: 100분의 90 감면 • 3개월 이내　　　　　: 100분의 75 감면 • 6개월 이내　　　　　: 100분의 50 감면 • 1년 이내　　　　　　: 100분의 30 감면 • 1년 6개월 이내　　　: 100분의 20 감면 • 2년 이내　　　　　　: 100분의 10 감면
	납부지연가산세는 감면되지 않음	

소멸사유 (5개)	소멸사유 아닌 것
· 납부 · 충당 · 부과취소 · 부과권의 제척기간 만료 · 징수권의 소멸시효 완성	· 납세자의 사망 · 법인의 합병 · 부과철회 · 결손처분

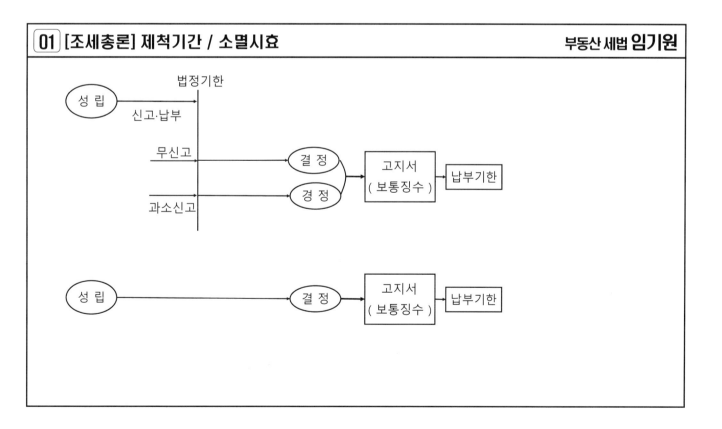

부과권의 제척기간			
	지 방 세	국　세	
		대부분	상속세 증여세 부담부증여
사기나 부정	10년	10년	15년
무신고	7년 (**10년**)	7년	15년
그 외의 경우	5년	5년	10년

징수권의 소멸시효	
지 방 세	국　세
ㄱ. 5천만원 미만 : 5년 ㄴ. 5천만원 이상 : 10년	ㄱ. 5억원 미만 : 5년 ㄴ. 5억원 이상 : 10년

✓ 가산세는 제외한다.

1. 상속 또는 증여(부담부증여 포함)를 원인으로 취득하는 경우
2. 명의신탁 등으로 취득하는 경우

	부과권의 제척기간	징수권의 소멸시효
의 의	• 부과권 (결정 또는 경정)을 행사할 수 있는 기간이 만료되면 납세의무는 소멸	• 징수권 (고지 등)을 계속하여 행사하지 않는 경우 납세의무는 소멸
기 간	5년, 7년, 10년, 15년	5년, 10년
기산일	• 신고의무 있는 조세 : 법정 **신고기한 다음 날** • 신고의무 없는 조세 : 납세의무 **성립일**	• 신고한 경우 : 법정납부기한의 다음 날 • 결정·경정한 경우 : 고지에 따른 **납부기한의 다음 날**
중 단	X	효과 : 해당 기간이 지난 때부터 **새로 진행한다.** 사유 : 납세고지, 독촉, 최고, 교부청구, 압류
정 지	X	효과 : 해당 기간에는 **진행되지 아니한다.** 사유 : 분할납부기간, 연부기간, 징수유예기간, 　　　체납처분유예기간, 사해행위 취소의 소송기간 　　　국외에 6개월 이상 체류하는 경우 국외 체류기간

• 사해행위 취소의 소송 또는 채권자대위 소송의 제기로 인한 시효정지는 소송이 각하·기각되거나 취하된 경우에는 효력이 없다.

1 순위	매각비용	
2 순위	「임대차보호법」상 우선변제금액 「근로기준법」상 우선변제임금 및 퇴직금	
3 순위	그 재산에 부과된 국세 또는 지방세 ⇒ (결정) • 지방세 : **재산세**, 지역자원시설세, 지방교육세 • 국　세 : **종합부동산세, 상속세, 증여세**	
4 순위	3순위를 제외한 국세 또는 지방세 ⇒ (신고)	법정기일
5 순위	전세권, 지당권, 질권 등 담보된 채권	설정일자
6 순위	2순위를 제외한 나머지 임금채권	-
7 순위	3순위를 제외한 국세 또는 지방세 ⇒ (신고)	법정기일
8 순위	공과금 및 기타 채권	

날짜순 (괄호: 4순위~7순위)

[징수금의 우선순위]

	국　세	지방세
1	강제징수비	체납처분비
2	국　　세	지 방 세
3	가 산 세	가 산 세

[조세의 우선순위]

담보 > 압류 > 교부청구

[법정기일]

• 신고 : 신고일

• 고지 : 고지서 발송일

---

01 **[조세총론] 조세와 타 채권과의 관계**   부동산 세법 **임기원**

• 법정기일 전에 전세권, 질권 또는 저당권 설정을 등기·등록한 사실이 **대통령령으로 정하는 방법에 따라 증명**되는 재산을 매각하여 그 매각금액에서 조세를 징수하는 경우 그 전세권, 질권 또는 저당권에 따라 담보된 채권은 조세에 우선한다.

• 법정기일 전에 전세권, 질권 또는 저당권 설정을 등기·등록한 사실이 대통령령으로 정하는 방법에 따라 증명되는 재산을 매각하여 그 매각금액에서 조세를 징수하는 경우 그 전세권, 질권 또는 저당권에 따라 담보된 채권은 **그 재산에 부과된 조세**에 우선하지 못한다.

• 주거용 건물에 설정된 전세권에 의하여 담보된 채권은 해당 전세권이 설정된 재산이 매각되어 그 매각금액에서 조세를 징수하는 경우 그 설정일자보다 **법정기일이 늦은 해당 재산에 대하여 부과된 조세의 우선 징수 순서에 대신하여 변제될 수 있다.**

• 전세권이 설정된 재산이 양도, 상속 또는 증여된 후 해당 재산이 매각되어 그 매각금액에서 조세를 징수하는 경우 해당 재산에 설정된 전세권은 조세에 우선한다. 다만, 해당 재산의 직전 보유자가 전세권 설정 당시 체납하고 법정기일이 전세권 설정일자보다 빠른 경우에는 조세를 우선징수한다.

➢ 대통령령으로 정하는 방법에 따라 증명

- 등기사항증명서

- 공증인의 증명

- 질권에 대한 증명으로서 세무서장 또는 지방자치단체의 장이 인정하는 것

- 공문서 또는 금융회사 등의 장부상의 증명으로서 세무서장 또는 지방자치단체의 장이 인정하는 것

- 그 밖에 공부(公簿)상으로 증명되는 것

➢ 그 재산에 부과된 조세

- 재산세

- 자동차 소유에 대한 자동차세

- 소방분에 대한 지역자원시설세

- 재산세와 자동차세에 부가되는 지방교육세

- 종합부동산세

- 상속세

- 증여세

➢ 담보 / 압류 / 교부청구

① 납세담보물을 매각하였을 때 국세 또는 지방세는 매각대금 중에서 다른 국세 또는 지방세에 우선하여 징수한다.

② 납세자의 재산을 압류한 경우에 다른 국세 또는 지방세의 교부청구가 있으면 압류와 관계되는 국세또는 지방세는 교부청구된 다른 국세 또는 지방세보다 우선하여 징수한다.

③ 체납처분에 의하여 납세자의 재산을 압류한 후 국세 또는 지방세의 교부청구가 있으면 교부청구된 국세 또는 지방세는 압류에 관계되는 국세 또는 지방세의 다음 순위로 징수한다.

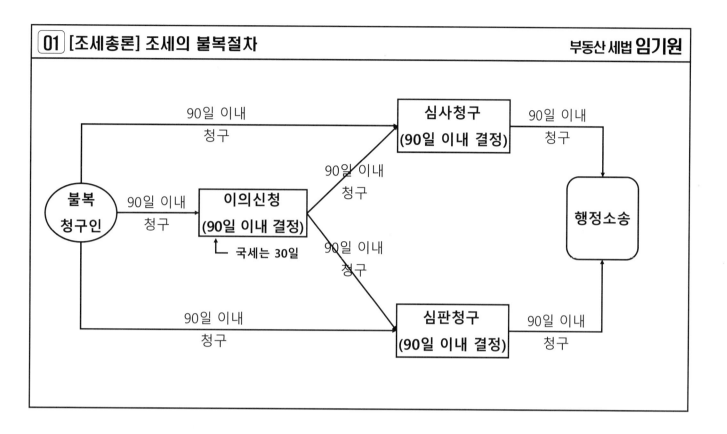

> ➤ 청구대상

① 「지방세기본법」 또는 지방세관계법에 따른 처분으로서 위법·부당한 처분을 받았거나 필요한 처분을 받지 못하여 권리 또는 이익을 침해당한 자는 이의신청 또는 심판청구를 할 수 있다.

② 다음에 해당하는 경우는 불복청구를 할 수 없다.

  1. 이의신청 또는 심판청구에 대한 처분. 다만, 이의신청에 대한 처분에 대하여 심판청구를 하는 경우는 제외한다.

  2. 「지방세기본법」 제121조 제1항 또는 「조세범 처벌법」에 따른 **통고처분**

  3. 「감사원법」에 따라 심사청구를 한 처분이나 그 심사청구에 대한 처분

  4. 과세전적부심사의 청구에 대한 처분

  5. 「지방세기본법」에 따른 **과태료의 부과**

[「지방세기본법」 제121조 제1항 (통고처분)]

지방자치단체의 장은 범칙사건조사를 하여 범칙의 확증(確證)을 갖게 되었을 때에는 대통령령으로 정하는 바에 따라 그 대상이 되는 자에게 그 이유를 구체적으로 밝혀 벌금에 해당하는 금액 또는 몰수 대상이 되는 물품, 추징금, 서류의 송달비용 및 압수물건을 운반·보관비용을 지정한 장소에 납부할 것을 통고하여야 한다.

➤ 이의신청

이의신청을 하려면 그 처분이 있는 것을 안 날(처분의 통지를 받았을 때에는 그 통지를 받은 날)부터 90일 이내에 불복의 사유를 적어 이의신청을 하여야 한다.

➤ 심판청구

① 이의신청을 거친 후에 심판청구를 할 때에는 이의신청에 대한 결정 통지를 받은 날부터 90일 이내에 조세심판원장에게 심판청구를 하여야 한다.

② 제96조에 따른 결정기간에 이의신청에 대한 결정 통지를 받지 못한 경우에는 결정 통지를 받기 전이라도 그 결정기간이 지난 날부터 심판청구를 할 수 있다.

③ 이의신청을 거치지 아니하고 바로 심판청구를 할 때에는 그 처분이 있은 것을 안 날(처분의 통지를 받았을 때에는 통지받은 날)부터 90일 이내에 조세심판원장에게 심판청구를 하여야 한다.

➤ 다른 법률과의 관계

위법한 처분에 대한 행정소송은 심판청구와 그에 대한 결정을 거치지 아니하면 제기할 수 없다.

➤ 청구기한의 연장

이의신청인 또는 심판청구인인 「지방세기본법」 제26조(천재지변 등으로 인한 기한의 연장) 제1항에서 규정하는 사유로 인하여 이의신청 또는 심판청구기간에 이의신청 또는 심판청구를 할 수 없을 때에는 그 사유가 소멸한 날부터 14일 이내에 이의신청 또는 심판청구를 할 수 있다.

➤ 이의신청 등의 대리인

① 이의신청과 처분청은 변호사, 세무사 또는 공인회계사를 대리인으로 선임할 수 있다.

② 이의신청은 신청 금액이 1천만원 미만인 경우에는 그의 배우자, 4촌 이내의 혈족 또는 그의 배우자의 4촌 이내 혈족을 대리인으로 선임할 수 있다.

➤ 보정요구

① 이의신청을 받은 지방자치단체의 장은 그 신청의 서식 또는 절차에 결함이 있는 경우와 불복사유를 증명할 자료의 미비로 심의를 할 수 없다고 인정될 경우에는 20일간의 보정기간을 정하여 문서로 그 결함의 보정을 요구할 수 있다. 다만, 보정할 사항이 경미한 경우에는 직권으로 보정할 수 있다.

② 보정기간은 결정기간에 포함하지 아니한다.

> **청구의 효력**

이의신청 또는 심판청구는 그 처분의 집행에 효력이 미치지 아니한다. 다만, 압류한 재산에 대해서는 이의신청 또는 심판청구의 결정이 있는 날부터 30일까지 그 공매처분을 보류할 수 있다.

> **결정 등**

이의신청을 받은 지방자치단체의 장은 신청을 받은 날부터 90일 이내에 지방세심의위원회의 의결에 따라 다음 의 구분에 따른 결정을 하고 신청인에게 이유를 함께 기재한 결정서를 송달하여야 한다.

① 이의신청이 적법하지 아니한 때(행정소송, 심판청구 또는 「감사원법」에 따른 심사청구를 제기하고 이의신청을 제기한 경우를 포함한다) 또는 이의신청 기간이 지났거나 보정기간에 필요한 보정을 하지 아니할 때 : 신청을 각하하는 결정

② 이의신청이 이유 없다고 인정될 때 : 신청을 기각하는 결정

③ 이의신청이 이유 있다고 인정될 때 : 신청의 대상이 된 처분의 취소, 경정 또는 필요한 처분의 결정

> **송달방법**

(1) 원칙 : 교부송달, 우편송달, 전자송달

교부송달	• 송달할 장소에서 그 송달을 받아야 할 자에게 서류를 건네줌으로써 이루어진다. • 송달받아야 할 자를 만나지 못하였을 때에는 그의 사용인, 그 밖의 종업원 또는 동거인으로서 사리를 분별할 수 있는 사람에게 서류를 송달할 수 있다. • 송달을 받아야 할 자가 송달받기를 거부하지 아니하면 다른 장소에서 교부할 수 있다. • 정당한 사유 없이 서류의 수령을 거부하면 송달할 장소에 서류를 둘 수 있다.
우편송달	• 일반우편 또는 등기우편으로 한다. • 납부의 고지·독촉·강제징수 또는 정부의 명령과 관계되는 서류는 등기우편으로 한다.
전자송달	• 서류의 송달을 받아야 할 자가 신청하는 경우에만 한다. • 정보통신망 등의 장애로 전자송달을 할 수 없는 경우에는 교부 또는 우편의 방법으로 송달할 수 있다.

> 송달방법

(2) 예외 : 공시송달 (정보통신망, 게시판, 관보, 공보 또는 일간신문에 게재하는 방법)

① 주소 또는 영업소가 국외에 있고 송달하기 곤란한 경우

② 주소 또는 영업소가 분명하지 아니한 경우

③ 서류를 우편으로 송달하였으나 받을 사람이 없는 것으로 확인되어 반송됨으로써 납부기한 내에 송달하기 곤란하다고 인정되는 경우

④ 세무공무원이 2회 이상 납세자를 방문하여 서류를 교부하려고 하였으나 받을 사람이 없는 것으로 확인되어 납부기한 내에 송달하기 곤란하다고 인정되는 경우

> 송달의 효력

① 교부 또는 우편송달 : 송달받아야 할 자에게 도달하는 때부터 효력이 발생한다.

② 전자송달 : 전자사서함 또는 전자고지함에 저장된 때 도달된 것으로 본다.

③ 공시송달 : 서류의 주요내용을 공고한 날부터 14일이 지나면 송달된 것으로 본다.

> 서류의 송달

① 연대납세의무자에게 서류를 송달할 때에는 그 대표자를 명의인으로 하며, 대표자가 없으며 연대납세의무자 중 징수하기 유리한 자를 명의인으로 한다.

② 납세의 **고지와 독촉**에 관한 서류는 연대납세의무자 모두에게 **각자** 송달하여야 한다.

③ 상속이 개시된 경우에 상속재산관리인이 있을 때에는 그 상속재산관리인의 주소 또는 영업소에 송달한다.

④ 「지방세기본법」 제139조(납세관리인)에 따른 납세관리인이 있을 때에는 납세의 고지와 독촉에 관한 서류는 그 납세관리인의 주소 또는 영업소에 송달한다.

> 송달지연으로 인한 납부기한의 연장

기한을 정하여 납세고지서, 납부통지서, 독촉장 또는 납부최고서를 송달하였더라도 다음 어느 하나에 해당하면 지방자치단체의 징수금의 납부기한은 해당 서류가 도달한 날부터 14일이 지난 날로 한다.

1. 서류가 도달한 날부터 7일 이내에 납부기한이 되는 경우

2. 서류의 납부기한이 지난 후에 도달한 경우

취득세

원칙 : 신고 납부

납세의무자 ⟶ 취득세 ⟶ 납세지 관할 지방자치단체

예외 : 보통징수
(가산세 포함)

⬆

열거된 자산 + 취득

1. 지방세 (특별시, 광역시, 도)

2. 보통세, 직접세, 독립세

3. 행위세, 유통세, 응능세 (담세력)

4. 사실주의 과세

5. 성립시기 : 과세물건을 **취득하는 때**

6. 확정방법 : **원칙(신고)** / 예외(결정 + 가산세)

7. 가산세, 중가산세, 면세점

8. 물납 및 분할납부

9. 부가세 : 농어촌특별세, 지방교육세

부동산등	부동산	토 지	• 지적공부상 **등록대상이 되는 토지** (지목 28개) • 그 밖에 사용되고 있는 **사실상의 토지**
		건축물	• **「건축법」 제2조 제1항 제2호에 따른 건축물** • 토지에 정착하거나 지하 또는 다른 구조물에 설치하는 **시설** (레저시설, 저장시설, 도크시설, 접안시설, 도관시설, 급수/배수시설 등)
	부동산에 준하는 것		**선박**, **항공기**, **기계장비**, **차량**
			입목 (지상의 과수, 임목, 죽목을 말한다)
	권리		**양식업권**, **광업권**, **어업권**
			회원제 **회**원권 (골프회원권, 승마회원권, 콘도미니엄회원권, 요트회원권, 종합체육시설이용회원권)

① 부동산, 차량, 기계장비 또는 항공기는 시행령에서 특별한 규정이 있는 경우를 제외하고는 해당 물건을
    취득하였을 때의 **사실상의 현황**에 따라 부과한다.

② 다만, 취득하였을 때이 사실상 현황이 분명하지 아니한 경우에는 공부(公簿)상의 등재 현황에 따라 부과한다.

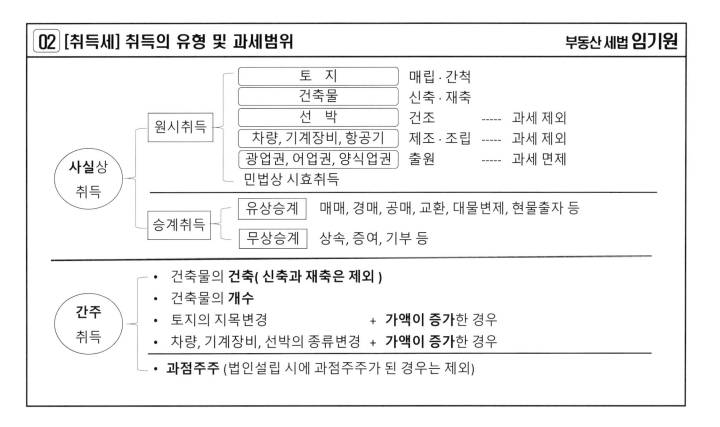

간주
취득

- 건축물의 **건축(신축과 재축은 제외)**
- 건축물의 **개수**
- 토지의 지목변경　　　　　　　　+ **가액이 증가**한 경우
- 차량, 기계장비, 선박의 종류변경　+ **가액이 증가**한 경우
- **과점주주** (법인설립 시에 과점주주가 된 경우는 제외)

- 원칙 : **증여**로 추정한다.
- 예외 : 다만, 다음의 경우는 **유상**취득으로 본다.
  ① **공매(경매 포함)**를 통하여 부동산등을 취득한 경우
  ② **파산선고**로 인하여 처분되는 부동산등을 취득한 경우
  ③ 권리의 이전이나 행사에 등기 또는 등록이 필요한
  　부동산등을 서로 **교환**한 경우
  ④ 해당 부동산등을 취득하기 위하여 그 **대가를 지급한**
  　사실이 증명되는 경우
  - 그 대가를 지급하기 위한 취득자의 소득이 증명되는 경우
  - 소유재산을 처분 또는 담보한 금액으로 해당 부동산을 취득한 경우
  - 이미 상속세 또는 증여세를 과세받았거나 신고한 경우로서 그 상속
    또는 수증 재산의 가액으로 그 대가를 지급한 경우
  - 취득자의 재산으로 그 대가를 지급한 사실이 입증되는 경우

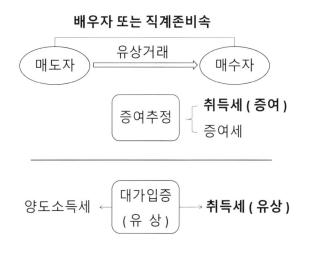

	일반적인 경우	배우자 또는 직계존비속
채무액 상당액	**유 상**	원칙 : 증여추정 **예외 : 대가 입증 – 유 상**
채무액 **외** 부분	증 여	증 여

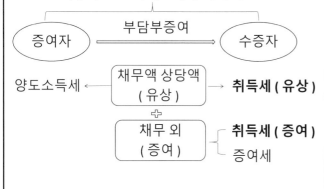

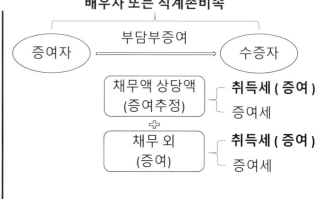

① **상속개시 후** 상속재산에 대하여 등기・등록・명의개서(名義改書) 등에 의하여 각 상속인의 상속분이 확정되어 **등기등이 된 후**, 그 상속재산에 대하여 공동상속인이 협의하여 **재분할**한 결과 특정 상속인이 **당초 상속분을 초과하여 취득**하게 되는 재산가액은 그 재분할에 의하여 상속분이 감소한 상속인으로부터 **증여**받아 취득한 것으로 본다.

② 다만, 다음 어느 하나에 해당하는 경우에는 그러하지 아니하다.

　a. **신고납부기한 내**에 재분할에 의한 **취득과 등기등을 모두 마친** 경우

　b. **상속회복청구**의 소에 의한 법원의 확정판결에 의하여 상속인 및 상속재산에 변동이 있는 경우

　c. 「민법」제404조에 따른 **채권자대위권**의 행사에 의하여 공동상속인들의 법정상속분대로 등기등이 된 상속재산을 상속인사이의 협의분할에 의하여 재분할하는 경우

과세대상물	취득의 유형			과세표준	세 율
토 지 - 등록대상이 되는 토지 - 사실상 이용되는 토지 **건축물** - 「건축법」상 건축물 - 레저시설, 저장시설 등 **선 박** **항공기** **기계장비** **차 량** **입 목** **양식업권** **광업권** **어업권** **회원제 회원권**	사실상 취득	원시 (매립, 간척, 신축, 재축 등)		사실상 취득가격 시가인정액 시가표준액	• 표준세율 - 대부분 • 중과 **기준**세율 - 레저시설 등 - 임시건축물 - 묘지
		승계	유상승계 (매매, 교환 등)		
			무상승계 (상속, 증여 등)		
	간주 취득	1. 건축 (신축과 재축은 제외)		증가한 가액	• 표준세율
		2. 개수	면적이 증가한 경우	증가한 가액	• 표준세율
			면적이 증가하지 아니한 경우	증가한 가액	• 중과 **기준**세율
		3. 토지의 지목변경 + 가액증가		증가한 가액	• 중과 **기준**세율
		4. 차량 등 종류변경 + 가액증가		증가한 가액	• 중과 **기준**세율
		5. 과점주주		(법인 부동산 X 지분율)	• 중과 **기준**세율

02 [취득세] 과점주주에 대한 간주취득 부동산 세법 **임기원**

- 법인의 주식 또는 지분을 취득함으로써 **과점주주가 되었을 때**에는 그 과점주주가 해당 **법인의 부동산등을 취득**한 것으로 본다.

- 다만, 법인**설립 시**에 발행하는 주식 또는 지분을 취득함으로써 과점주주가 된 경우에는 **취득으로 보지 아니한다.**

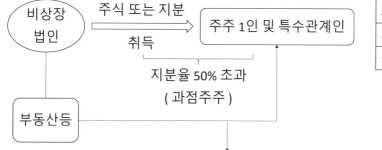

과세표준	법인의 부동산등 가액 × 지분율
세 율	중과기준세율
산출세액	

㉠ 최초 과점주주 : 전체 지분
㉡ 다시 과점주주 : 증가 지분

법인설립 후에 **과점주주가 된 시점**에 **법인의 부동산등**을 취득한 것으로 본다.

	법인설립 시 (40%)	추가취득 (+20%)	추가취득 (+10%)	양 도 (-20%)	추가취득 (+15%)	추가취득 (+20%)
총 지분율						
과점주주 여부						
과세여부						
과세되는 지분율						

	법인설립 시 (60%)	추가취득 (+10%)
총 지분율		
과점주주 여부		
과세여부		
과세되는 지분율		

02 [취득세] 과점주주에 대한 간주취득   부동산 세법 임기원

과점주주

주주 또는 유한책임사원 1명과 그의 특수관계인 중 법령이 정하는 자로서 그들의 소유주식의 합계 또는 출자액의 합계가 해당 법인의 발행주식 총수 또는 출자총액의 **100분의 50을 초과** 하면서 그에 관한 권리를 실질적으로 행사하는 자를 말한다.

과세요건

1. 해당 법인은 비상장법인(코스닥상장법인 포함)이어야 한다.

	유가증권 시장	코스닥 시장
상장된 경우	**납세의무 없음**	납세의무 있음
비상장된 경우	납세의무 있음	납세의무 있음

◆ 과점주주 집단내부 및 특수관계자 간의 주식거래가 발생하여 과점주주가 소유한 총주식의 비율에 변동이 없다면 과점주주 간주취득세의 납세의무는 없다.

2. 법인설립 이후에 과점주주가 되어야 한다.

법인**설립 시**에 과점주주가 된 경우	**납세의무 없음**
법인설립 이후에 과점주주가 된 경우	납세의무 있음

3. 취득행위 (취득 또는 증자)로 인하여 총지분율이 증가하여야 한다.
  ① 취득행위 없이 (감자 등) 과점주주가 된 경우는 납세의무 없음
  ② 총 지분율이 감소하여 과점주주가 된 경우는 납세의무 없음

취득으로 보는 지분율

1. 최초로 과점주주가 된 경우 : 전체 지분

   법인의 과점주주가 아닌 주주 또는 유한책임사원이 다른 주주 또는 유한책임사원의 주식 또는 지분을
   취득하거나 증자 등으로 **최초로** 과점주주가 된 경우에는 최초로 과점주주가 된 날 현재 해당 과점주주가
   소유하고 있는 법인의 주식등을 **모두** 취득한 것으로 보아 취득세를 부과한다.

2. 다시 과점주주가 된 경우 : 증가 지분

   ① **이미 과점주주가 된** 주주 또는 유한책임사원이 해당 법인의 주식등을 취득하여 해당 법인의 주식등의 총액에
   대한 과점주주가 가진 주식등의 비율이 증가된 경우에는 그 **증가분**을 취득으로 보아 취득세를 부과한다.

   ② **과점주주였으나** 주식등의 양도, 해당 법인의 증자 등으로 과점주주에 해당하지 아니하게 되었다가 해당 법인의
   주식등을 취득하여 다시 과점주주가 된 경우에는 **다시 과점주주가 된** 당시의 주식등의 비율이 그 이전에
   과점주주가 된 당시의 주식등의 비율보다 증가된 경우에만 그 **증가분**을 취득으로 보아 취득세를 부과한다.

   ③ 다만, 증가된 후의 주식등의 비율이 해당 과점주주가 **이전에 가지고 있던 주식등의 최고 비율**보다 증가되지
   아니한 경우에는 취득세를 부과하지 아니한다.

01. 사실상 취득자

   ① 부동산등의 취득은 「민법」 등 관계법령에 따른 **등기·등록 등을 하지 아니한 경우라도 사실상 취득**하면
   각각 **취득한 것으로 보고** 해당 취득물건의 **소유자 또는 양수인**을 각각 취득자로 한다.

   ② 다만, 차량, 기계장비, 항공기 및 주문을 받아 건조하는 선박은 승계취득인 경우에만 납세의무를 진다.

02. 상속인 각자

   ① **상속**으로 인하여 취득하는 경우에는 **상속인 각자**가 상속받은 취득물건(지분을 취득하는 경우에는 그
   지분에 해당하는 취득물건을 말한다)을 취득한 것으로 본다.

   ② 공동상속의 경우는 공유자가 연대하여 납부할 의무를 진다.

취득세	상속인 **각자**
재산세	사실상 소유자 단, 등기X + 신고X ⇒ **주된** 상속자

03. 새로운 위탁자

   「신탁법」에 따라 신탁재산의 **위탁자의 지위의 이전**이 있는 경우에는 **새로운 위탁자**가 해당
   신탁재산을 취득한 것으로 본다.

04. 조합원

① 주택조합등이 해당 **조합원용**으로 취득하는 조합주택용 부동산은 그 **조합원**이 취득한 것으로 본다.

② 다만, 조합원에게 귀속되지 아니하는 부동산(비조합원용 부동산)은 제외한다.

05. 시설대여업자

시설대여업자가 건설기계나 차량의 시설**대여** 등을 하는 경우로서 대여시설이용자의 명의로
등록하는 경우라도 그 건설기계나 차량은 시설**대여업자**가 취득한 것으로 본다.

06. 수입하는 자

외국인 소유의 차량 등을 직접 사용하거나 국내의 대여시설 이용자에게 대여하기 위하여
소유권을 이전 받는 조건으로 임차하여 **수입**하는 경우에는 **수입하는 자**가 취득한 것으로 본다.

07. 취득대금을 지급한 자

기계장비나 차량을 운수업체의 명의 등으로 등록하여 제공하는 경우로서 **취득대금을 지급하는 자가**
따로 있음이 입증되는 경우 그 기계장비나 차량은 **취득대금을 지급한 자**가 취득한 것으로 본다.

08. 주체구조부 취득자

건축물 중 조작설비, 그 밖의 부대설비에 속하는 부분으로서 그 주체구조부와 하나가 되어
건축물로서의 효용가치를 이루고 있는 것에 대하여는 **주체구조부 취득자 외의 자가 가설**한
경우에도 **주체구조부의 취득자**가 함께 취득한 것으로 본다.

09. 변경시점의 소유자

① 토지의 **지목을 사실상 변경**함으로써 그 가액이 증가한 경우에는 사실상으로 지목이 **변경된**
시점의 해당 토지의 **소유자**를 납세의무자로 본다.

② 선박·차량 및 기계장비의 **종류를 변경**함으로써 그 가액이 증가한 경우는 그 종류**변경시점**의
소유자를 납세의무자로 본다.

10. 소유자 또는 사업시행자

① 「도시개발법」에 따른 도시개발사업(환지방식만 해당한다)의 시행으로 토지의 지목이 사실상 변경된 때에는 그 환지계획에 따라 공급되는 **환지는 조합원**이, **체비지 또는 보류지는 사업시행자**가 각각 취득한 것으로 본다.

② 「도시개발법」에 따른 도시개발사업과 「도시 및 주거환경정비법」에 따른 정비사업의 시행으로 해당 사업의 대상이 되는 부동산의 소유자(상속인을 포함)가 환지계획 또는 관리처분계획에 따라 공급받거나 토지상환채권으로 상환받는 **건축물**은 그 소유자가 **원시취득**한 것으로 보며, **토지**의 경우에는 그 소유자가 **승계취득**한 것으로 본다. 이 경우 토지는 당초 소유한 토지 면적을 초과하는 경우로서 그 초과한 면적에 해당하는 부분으로 한정하여 취득한 것으로 본다.

11. 건축물의 소유자 또는 토지의 소유자

① 「공간정보의 구축 및 관리 등에 관한 법률」제67조에 따른 대(垈) 중 「국토의 계획 및 이용에 관한 법률」등 관계 법령에 따른 택지공사가 준공된 **토지에 정원 또는 부속시설물** 등을 조성·설치하는 경우에는 그 정원 또는 부속시설물 등은 토지에 포함되는 것으로서 토지의 지목을 사실상 변경하는 것으로 보아 **토지의 소유자**가 취득한 것으로 본다.

② 다만, 건축물을 건축하면서 그 **건축물에 부수되는 정원 또는 부속시설물** 등을 조성·설치하는 경우에는 그 정원 또는 부속시설물 등은 건축물에 포함되는 것으로 보아 **건축물을 취득하는 자**가 취득한 것으로 본다.

12. 과점주주

① 법인의 주식 또는 지분을 취득함으로써 과점주주가 되었을 때에는 그 **과점주주**가 해당 법인의 부동산등을 취득(법인설립 시에 발행하는 주식 또는 지분을 취득함으로써 과점주주가 된 경우에는 취득으로 보지 아니한다)한 것으로 본다.

② 이 경우 과점주주의 연대납세의무에 관하여는 「지방세기본법」을 준용한다.

구 분		납세의무자
일반적인 경우(사실상 취득)		사실상 취득자 (소유자 또는 양수인)
상속		상속인 **각자**
신탁재산 + 위탁자 지위의 이전		새로운 위탁자
조 합	**조합원**용 부동산	**조합원**
	비조합원용 부동산	조합
대여		대여업자
수입		수입하는 자
취득대금을 지급한 자가 따로 있는 경우		취득대금을 지급한 자

구 분		납세의무자
주체구조부취득자 외의 자가 가설		**주체구조부 취득자**
차량 등 종류변경 및 토지의 지목변경		변경시점의 소유자
환지방식	환지	조합원
	체비지, 보류지	사업시행자
「도시개발법」 「도시 및 주거환경정비법」	건축물	소유자 (원시취득)
	토 지	소유자 (승계취득)
정원 등	건축물에 부수되어 조성 또는 설치되는 경우	건축물 취득자
	토지에 조성 및 설치하는 경우	토 지 소유자
과점주주가 된 경우(법인설립 시 과점주주는 제외)		과점주주

1. 유상승계 취득

1) 일반적인 경우(매매, 경매 등) : **사실상**의 **잔금**지급일

- **신고인이 제출한 자료로** 사실상의 잔금지급일을 확인할 수 없는 경우 : 그 **계약상**의 **잔금**지급일
- 계약상 잔금지급일이 명시되지 않은 경우 : **계약일부터 60일이 경과한 날**

2) 연부취득 : 그 **사실상**의 **연부금** 지급일

2. 무상승계 취득

1) 일반적인 경우(증여 등) : **계약일**

2) **상속** 또는 유증 : **상속 개시일** 또는 유증 개시일

단, 취득일 **전에 등기 또는 등록**을 한 경우 : 그 **등기일 또는 등록일**

3. 「민법」 제245조 및 제247조에 따른 **점유로 인한 취득**의 경우 : 취득물건의 **등기일 또는 등록일**

4. 「민법」 제839조의2 및 제843조에 따른 **재산분할**로 인한 취득 : 취득물건의 **등기일 또는 등록일**

계약 해제

유상 또는 무상**승계취득**으로서 해당 취득물건을 **등기·등록하지 않고** 다음의 어느 하나에 해당하는 서류로 **계약이 해제된 사실이 입증**되는 경우에는 **취득한 것으로 보지 않는다.**

① 화해조서·인낙조서 : 해당 조서에서 **취득일부터 60일 (무상취득의 경우는 취득일이 속하는 달의 말일부터 3개월) 이내**에 계약이 해제된 사실이 입증되는 경우에만 해당한다.

② 공정증서 : 공증인이 인증한 사서증서를 포함하되, **취득일부터 60일 (무상취득의 경우는 취득일이 속하는 달의 말일부터 3개월) 이내**에 공증받은 것만 해당한다.

③ 행정안전부령으로 정하는 계약해제신고서 : **취득일부터 60일 (무상취득의 경우는 취득일이 속하는 달의 말일부터 3개월) 이내**에 제출된 것만 해당한다.

④ 부동산 거래신고 관련 법령에 따른 부동산거래계약 해제등 신고서 (**취득일부터 60일 이내**에 등록관청에 제출한 경우만 해당한다)

5. 원시취득

1) 토지의 **매립, 간척** 등 : **공사준공인가일**

  (단, 공사준공인가일 전에 사용승낙 또는 허가를 받거나 사실상 사용하는 경우에는

  사용**승낙일 · 허가일** 또는 **사실상 사용일** 중 빠른 날)

2) 건축물의 **건축 또는 개수** : [**사용승인서를 내주는 날**과 사실상의 사용일] 중 **빠른 날**

⇩

> ① **사용승인서를 내주기 전에 임시사용승인을 받은 경우에는** 그 **임시사용승인일**로 한다.
>
> ② **사용승인서 또는 임시사용승인서를 받을 수 없는 건축물의 경우에는 사실상 사용이 가능한 날**로 한다.

• 사용승인서를 내주는 날 • 임시사용승인일 • 사실상 사용이 가능한 날	←— 빠른 날 —→	사실상의 사용일

6. 조합이 조합원으로부터 취득하는 토지 중 **조합원에게 귀속되지 아니한 토지**

  ① 「**주택법**」에 따른 주택조합이 취득하는 경우 : **사용검사를 받은 날**

  ② 「**도시 및 주거환경정비법**」에 따른 재건축조합이 취득하는 경우 : **소유권이전 고시일의 다음 날**

7. 차량 · 기계장비 · 선박의 종류변경

  ⇒ **(사실상 변경한 날과 공부상 변경한 날) 중 빠른 날**

8. 토지의 지목변경

  ① **(사실상 변경된 날과 공부상 변경된 날) 중 빠른 날**

  ② 지목변경일 **이전에 사용** : 그 **사실상의 사용일**

9. 과점주주가 된 경우 : 법인의 주식등을 취득하여 **과점주주가 된 날**

구 분			취득시기	
승계 취득	유상승계	일반적인 경우	사실상의 잔금지급일 계약상의 잔금지급일 계약일부터 60일이 경과한 날	등기일 또는 등록일
		연부취득	사실상 연부금 지급일	
	무상승계	일반적인 경우(증여 등)	계약일	
		상속 또는 유증	상속개시일 또는 유증개시일	
	점유취득, 재산분할		등기일 또는 등록일	
토지 + 매립 간척			공사준공인가일, 사용승낙일, 허가일, 사실상 사용일	
건축 또는 개수			사용승인서를 내주는 날 임시사용승인일 사실상 사용이 가능한 날	사실상 사용일
조합원에게 귀속되지 아니한 토지	「주택법」		사용검사를 받은 날	
	「도시및주거환경정비법」		소유권이전 고시일의 다음 날	
차량, 기계장비 또는 선박의 종류변경			[사실상 변경일과 공부상 변경일] 중 빠른 날	
토지의 지목변경			[사실상 변경일과 공부상 변경일] 중 빠른 날	사실상 사용일
과점주주가 된 경우			과점주주가 된 날 (법인설립 시 과점주주는 제외)	

　　　과세표준　⟹　취득당시 가액(사실상 취득가격, 시가인정액, 시가표준액) 또는 연부금액

X　세　율
- 표준세율
- 표준세율에서 중과기준세율을 뺀 세율
- 중과기준세율
- 중과세율

＝　산출세액

－　감면세액

－　기납부세액

＋　가산세　⟹　10%, 20%, 40%, 일 10만분의 22, 80%

＝　납부할 세액　⟹　원칙 : 신고납부(60일, 3개월, 6개월) / 예외 : 보통징수

- 취득세의 과세표준은 **취득 당시의 가액**으로 한다.
- 다만, 연부로 취득하는 경우 취득세의 과세표준은 **연부금액**(매회 사실상 지급되는 금액을 말하며, 취득금액에 포함되는 계약보증금을 포함한다)으로 한다.

취득당시 가액		사실상 취득가격	시가인정액	시가표준액
유 상	일반적인 경우 (매매 등)			
	교 환			
	부당행위계산 부인규정			
무 상	일반적인 경우(증여 등)			
	1억원 이하 + 무상			
	상속			
원 시 간 주	일반적인 경우			
	법인이 아닌 자 + 입증x			

'사실상취득가격'이란 해당 물건을 취득하기 위하여 **법률이 정하는 자(납세의무자 등)가** 거래 상대방 또는 제3자에게 지급했거나 지급해야 할 직접비용과 다음 어느 하나에 해당하는 간접비용의 합계액을 말한다. 다만, 법인이 아닌 자가 취득한 경우는 ①②③을 제외한다.

	법 인	개 인
• 취득에 필요한 용역을 제공받은 대가로 지급하는 **용역비 및 수수료** • 취득대금 외에 당사자의 약정에 따른 **취득자 조건 부담액과 채무인수액** • 부동산을 취득하는 경우「주택도시기금법」제8조에 따라 매입한 **국민주택채권**을 해당 부동산의 취득 이전에 양도함으로써 발생하는 **매각차손** • 붙박이 가구ㆍ가전제품 등 건축물에 부착되거나 일체를 이루면서 **건축물의 효용을 유지 또는 증대시키기 위한 설비ㆍ시설 등의 설치비용** • **정원 또는 부속시설물 등을 조성ㆍ설치하는 비용,**「농지법」에 따른 농지보전부담금	포 함	포 함
① **건설자금**에 충당한 차입금의 **이자** 또는 이와 유사한 금융비용 ② **할부 또는 연부(年賦)** 계약에 따른 **이자** 상당액 및 **연체료** ③「공인중개사법」에 따른 공인중개사에게 지급한 **중개보수**	포 함	×

다음 어느 하나에 해당하는 비용은 사실상취득가격에 포함하지 않으며, 취득대금을 일시급 등으로 지급하여 일정액을 할인받은 경우에는 그 할인된 금액으로 한다.

	법 인	개 인
• 취득하는 물건의 판매를 위한 **광고선전비** 등의 판매비용과 그와 관련한 부대비용 • 「전기사업법」, 「도시가스사업법」, 「집단에너지사업법」, 그 밖의 법률에 따라 **전기 · 가스 · 열 등을 이용하는 자가 분담하는 비용** • **이주비**, 지장물 보상금 등 취득물건과는 별개의 권리에 관한 보상 성격으로 지급되는 비용 • **부가가치세**	×	×
• 취득대금을 일시급 등으로 지급하여 일정액을 할인받은 금액 (**할인액**)	×	×

(1) '시가인정액'이란 평가기간 (**취득일 전 6개월부터 취득일 후 3개월 이내의 기간**) 에 취득 대상이 된 부동산등에 대하여 매매, 감정, 경매(「민사집행법」에 따른 경매를 말한다) 또는 공매한 사실이 있는 경우의 가액으로서 다음의 가액을 말한다.

　ㄱ. 매매사실이 있는 경우 : 그 거래가액

　ㄴ. 둘 이상의 감정기관이 평가한 감정가액이 있는 경우 : 그 감정가액의 평균액

　ㄷ. 경매 또는 공매 사실이 있는 경우 : 그 경매가액 또는 공매가액

(2) 평가기간 이내의 가액인지에 대한 판단은 다음의 날을 기준으로 하며, 시가인정액이 둘 이상인 경우에는 취득일 전후로 가장 가까운 날의 가액(그 가액이 둘 이상인 경우에는 평균액을 말한다)을 적용한다.

　ㄱ. 매매가액 : 매매계약일

　ㄴ. 감정가액 : 가격산정기준일과 감정가액평가서 작성일

　ㄷ. 경매가액 또는 공매가액 : 경매가액 또는 공매가액이 결정된 날

(3) 시가인정액을 산정할 때 (2)의 날이 부동산등의 취득일 전인 경우로서 (2)의 날부터 취득일까지 해당 부동산등에 대한 자본적지출액(「소득세법 시행령」 제163조제3항에 따른 자본적지출액을 말한다)이 확인되는 경우에는 그 자본적지출액을 시가인정액에 더할 수 있다.

(4) 감정가액으로 신고하려는 경우

  ① 둘 이상의 감정기관(시가표준액이 10억원 이하인 부동산등의 경우에는 하나의 감정기관)에 감정을 의뢰하고 첨부하여야 한다.

  ② 납세자가 제시한 감정가액(원감정가액)이 지방자치단체의 장이 다른 감정기관에 의뢰하여 평가한 감정가액(재감정가액)의 100분의 80에 미달하는 경우에는 1년의 범위에서 기간을 정하여 해당 감정기관을 시가불인정 감정기관으로 지정할 수 있다.

  ③ 시가불인정 감정기관으로 지정된 감정기관이 평가한 감정가액은 그 지정된 기간 동안 시가인정액으로 보지 아니한다.

토 지		• 「부동산 가격공시에 관한 법률」에 따라 공시된 **개별공시지가**로 한다. • 개별공시지가가 공시되지 아니한 경우에는 **특별자치시장·특별자치도지사·시장·군수 또는 구청장(자치구의 구청장을 말한다)이** 같은 법에 따라 국토교통부장관이 제공한 토지가격비준표를 사용하여 **산정한 가액**으로 한다.
주 택	단독주택	• 「부동산 가격공시에 관한 법률」에 따라 공시된 **개별주택가격**으로 한다. • 개별주택가격이 공시되지 아니한 경우에는 **특별자치시장·특별자치도지사·시장·군수 또는 구청장(자치구의 구청장을 말한다)이** 같은 법에 따라 국토교통부장관이 제공한 주택가격비준표를 사용하여 **산정한 가액**으로 한다.
	공동주택	• 「부동산 가격공시에 관한 법률」에 따라 공시된 **공동주택가격**으로 한다. • 공동주택가격이 공시되지 아니한 경우에는 대통령령으로 정하는 기준에 따라 **특별자치시장·특별자치도지사·시장·군수 또는 구청장이 산정한 가액**으로 한다.
건축물		• 거래가격, 수입가격, 신축·건조·제조가격 등을 고려하여 정한 기준가격에 종류, 구조, 용도, 경과연수 등 과세대상별 특성을 고려하여 대통령령으로 정하는 기준에 따라 **지방자치단체의 장이 결정한 가액**으로 한다.

1. **유상**승계취득
   ① 일반적인 경우(매매 등) : **사실상 취득가격**
   ② 대물변제 : **대물변제액**. 다만, 대물변제액이 시가인정액**보다 적은** 경우에는 **시가인정액**으로 한다.
   ③ 양도담보 : **양도담보에 따른 채무액**(채무액 외에 추가로 지급한 금액이 있는 경우 그 금액을 포함한다).
      다만, 그 채무액이 시가인정액**보다 적은** 경우에는 **시가인정액**으로 한다.
   ④ 교환 : 교환을 원인으로 이전**받는** 부동산등의 **시가인정액**과 이전**하는** 부동산등의 **시가인정액**(㉠, ㉡ 적용)
      중 **높은 가액**
      ㉠ 상대방에게 추가로 지급하는 금액과 상대방으로부터 승계받은 채무액이 있는 경우 그 금액을 더한다.
      ㉡ 상대방으로부터 추가로 지급받는 금액과 상대방에게 승계하는 채무액이 있는 경우 그 금액을 차감한다.
   ⑤ 부당행위계산 : **시가인정액**

   > '부당행위계산'은 특수관계인으로부터 시가인정액보다 낮은 가격으로 부동산을 취득한 경우로서
   > 시가인정액과 사실상 취득가격의 차액이 **3억원 이상**이거나 **시가인정액의 100분의 5**에 상당하는
   > 금액 이상인 경우로 한다.

---

2. **무상**승계취득
   ① 일반적인 경우(증여 등) : **시가인정액**
      ㉠ 시가인정액을 산정하기 어려운 경우에는 **시가표준액**
      ㉡ 시가표준액이 **1억원 이하**인 부동산등의 경우는 **시가인정액**과 **시가표준액** 중에서 **납세자가 정하는 가액**
   ② 상 속 : **시가표준액**
   ③ 차량 또는 기계장비 : **시가표준액**

3. 원시취득 (「지방세법」 제10조의4) ← **개수 포함**
   ① **사실상 취득가격**
   ② 단, 법인이 아닌 자가 건축물을 건축하여 취득하는 경우로서 사실상취득가격을 확인할 수 없는
      경우에는 **시가표준액**으로 한다.

법 인	사실상 취득가격
개 인	사실상 취득가격
	단, 사실상 취득가격을 확인할 수 없는 경우 : 시가표준액

4. 취득으로 보는 경우 (「지방세법」 제10조의6)

 (1) 토지의 지목을 사실상 변경한 경우

　　① 그 변경으로 증가한 가액에 해당하는 **사실상취득가격**

　　② 법인이 아닌 자로서 사실상 취득가격을 확인할 수 없는 경우 : 토지의 지목이 사실상 변경된
　　　 때를 기준으로 지목변경 이**후**의 토지에 대한 **시가표준액**에서 지목변경 **전**의 토지에 대한
　　　 시가표준액을 **뺀** 가액

법 인	사실상 취득가격
개 인	사실상 취득가격 단, 사실상 취득가격을 확인할 수 없는 경우 : 변경 전 시가표준액과 변경 후 시가표준액의 차액

4. 취득으로 보는 경우 (「지방세법」 제10조의6)

 (2) 선박, 차량 또는 기계장비의 종류변경

　　① 그 변경으로 증가한 가액에 해당하는 **사실상취득가격**

　　② 법인이 아닌 자로서 사실상취득가격을 확인할 수 없는 경우 : **시가표준액**

법 인	사실상 취득가격
개 인	사실상 취득가격 단, 사실상 취득가격을 확인할 수 없는 경우 : 시가표준액

(3) 과점주주가 취득한 것으로 보는 해당 법인의 부동산등의 취득당시 가액은 해당 법인의
　　결산서와 그 밖의 장부 등에 그 부동산등의 총가액을 그 법인의 주식 또는 출자의 총수로 나눈
　　가액에 과점주주가 취득한 주식 또는 출자의 수를 곱한 금액으로 한다.

5. 부담부증여

　1) 유상으로 취득한 것으로 보는 채무액에 상당하는 부분(채무부담액) : 유상취득 과세표준 적용

　2) 취득물건의 시가인정액에서 채무부담액을 뺀 잔액 : 무상취득 과세표준 적용

---

① 유상으로 취득한 것으로 보는 채무액에 상당하는 부분(채무부담액)의 범위는 시가인정액을 그 한도로 한다.

② 채무부담액은 취득자가 부동산등의 취득일이 속하는 달의 말일부터 3개월 이내에 인수한 것을 입증한 채무액으로서 다음의 금액으로 한다.

　㉠ 등기부 등본으로 확인되는 부동산등에 대한 저당권, 가압류, 가처분 등에 따른 채무부담액

　㉡ 금융기관이 발급한 채무자 변경 확인서 등으로 확인되는 금융기관의 금융채무액

　㉢ 임대차계약서 등으로 확인되는 부동산등에 대한 임대보증금액

　㉣ 그 밖에 판결문, 공정증서 등 객관적 입증자료로 확인되는 취득자의 채무부담액

---

6. 부동산등의 일괄취득

　부동산등을 **한꺼번에 취득**하여 각 과세물건의 취득 당시의 가액이 구분되지 않는 경우에는 한꺼번에 취득한 가격을 각 과세물건별 **시가표준액 비율**로 나눈 금액을 각각의 취득 당시의 가액으로 한다.

원칙	표준세율 (±50%)	비례세율	정률세	▪ 2.3%, 2.8%, 3%, 3.5%, 4% ▪ 유상 + 주택 : 취득가액에 따라 최소 1%에서 최대 3%까지
			정액세	X
		누진세율		X
특례	• 표준세율에서 중과**기준**세율을 **뺀** 세율 • 중과**기준**세율(2%)			
예외	**중과**세율	**과밀**억제권역 (대도시)	법인	• 표준세율과 중과기준세율의 **100분의 200을 합한** 세율
			공장	
		사치성 재산		• 표준세율과 중과기준세율의 **100분의 400을 합한** 세율
		주 택		• 표준세율과 중과기준세율의 **100분의 200을 합한** 세율 • 표준세율과 중과기준세율의 **100분의 400을 합한** 세율

지방자치단체의 장은 조례로 정하는 바에 따라 **표준세율의 100분의 50 범위에서 가감**할 수 있다.

취득 유형		구 분		표준세율 (± 50%)	
승계 취득	유 상	주 택	~ 6억원	1천분의 10	
			6억원 ~ 9억원	$[(취득당시 가액 \times \frac{2}{3억원}) - 3] \times \frac{1}{100}$	
			9억원 ~	1천분의 30	
		농 지 (논, 밭, 과수원, 목장용지)		1천분의 30	(2% + 1%)
		그 외 부동산		**1천분의 40**	(2% + 2%)
	상 속	농 지 (논, 밭, 과수원, 목장용지)		1천분의 23	(2% + 0.3%)
		그 외 부동산		**1천분의 28**	(2% + 0.8%)
	무 상 (상속 제외)	비영리사업자		1천분의 28	(2% + 0.8%)
		그 외 취득자(영리사업자 및 개인)		**1천분의 35**	(2% + 1.5%)
분할 (공유물, 합유물, 총유물)				1천분의 23	(2% + 0.3%)
원시 (매립, 간척, 건축, 개수)				1천분의 28	(2% + 0.8%)

1. 주택을 **신축 또는 증축**한 이후 해당 주거용 건축물의 소유자(배우자 및 직계존비속을 포함한다)
   가 해당 **주택의 부속토지를 취득**하는 경우에는 **주택에 대한 세율을 적용하지 아니한다.**

2. **건축 (신축과 재축은 제외)** 또는 개수로 인하여 건축물 면적이 증가할 때에는 **그 증가된 부분**에
   대하여 **원시취득으로 보아** 표준세율을 적용한다.

구 분		과세표준	세 율
건 축	신축, 재축	취득당시 가액	표준세율 (2.8%)
	증축, 개축, 이전	**증가한 가액**	**표준세율 (2.8%)**
개 수	**면적이 증가한 경우**	**증가한 가액**	**표준세율 (2.8%)**
	면적이 증가하지 아니한 경우	증가한 가액	중과기준세율(2%)

3. 부동산이 **공유물**일 때에는 그 취득**지분의 가액**을 과세표준으로 하여 각각의 세율을 적용한다.

4. 법인이 합병 또는 분할에 따라 부동산을 취득하는 경우에는 유상취득의 세율을 적용한다.

5. 같은 취득물건에 대하여 **둘 이상의 세율**에 해당되는 경우에는 그 중 **높은 세율**을 적용한다.

---

① **환매**등기를 병행하는 부동산의 매매로서 환매기간 내에 매도자가 환매한 경우의 그 매도자와 매수자의 취득

② 「민법」제834조, 제839조의2 및 제840조에 따른 **재산분할**로 인한 취득 ◄———— 위자료 : 표준세율

③ **공유물・합유물의 분할** 또는 「부동산 실권리자명의 등기에 관한 법률」제2조제1호나목에서 규정하고 있는
   부동산의 공유권 해소를 위한 지분이전으로 인한 취득(**등기부등본상 본인 지분을 초과하는 부분의 경우에는**
   제외한다)　　　　　　　　　　　　　　　　　　　　　　　　　　　　　　　　　　　　표준세율

④ **건축물의 이전**으로 인한 취득. 다만, 이전한 건축물의 가액이 **종전 건축물의 가액을 초과하는 경우에 그 초과하는**
   가액에 대하여는 그러하지 아니하다.

---

⑤ **상속**으로 인한 취득 중 다음 어느 하나에 해당하는 취득

　　가. 대통령령으로 정하는 **1가구1주택**의 취득

　　나. 「지방세특례제한법」제6조제1항에 따라 취득세의 **감면대상**이 되는 **농지**의 취득

⑥ 「법인세법」제44조제2항 또는 제3항에 해당하는 법인의 **합병**으로 인한 취득

⑦ 벌채하여 원목을 생산하기 위한 **입목**의 취득

① **개수**로 인한 취득(개수로 인하여 건축물 **면적이 증가한 경우는 제외**한다)

	구 분	과세여부	과세표준 및 세율
개수	건축물 면적 증가 O	과 세	증가한 가액 × 표준세율 (1천분의 28)
	건축물 면적 증가 X	과 세	증가한 가액 × 중과기준세율
	공동주택 + 개수(대수선 제외)	비과세	-

② 종류변경 및 지목변경에 따른 선박·차량과 기계장비 및 토지의 **가액 증가**

③ 취득으로 보는 **과점주주**의 취득

④ 외국인 소유의 차량, 기계장비, 항공기 및 선박의 소유권을 이전받는 조건으로 임차하여 **수입**하는 경우의 취득 (**연부**취득에 한함)

⑤ 시설**대여업자**의 건설기계 또는 차량 취득

⑥ **취득대금을 지급한 자**의 기계장비 또는 차량 취득. 다만, 기계장비 또는 차량을 취득하면서 기계장비대여업체 또는 운수업체의 명의로 등록하는 경우로 한정한다.

⑦ 정원 또는 부속시설물 등을 조성·설치하는 경우에 따른 **토지의 소유자**의 취득

⑧ 그 밖에 레저시설의 취득 등 대통령령으로 정하는 취득

  a. 제5조에서 정하는 **시설**의 취득 (레저시설, 저장시설, 도크시설, 접안시설, 도관시설 등)

  b. 무덤과 이에 접속된 부속시설물의 부지로 사용되는 토지로서 지적공부상 지목이 **묘지**인 토지의 취득

  c. 「지방세법」 제9조 제5항 단서에 해당하는 **임시건축물**의 취득

  d. 「여신전문금융업법」 제33조 제1항에 따라 건설기계나 차량을 등록한 대여시설이용자가 그 시설대여업자로부터 취득하는 건설기계 또는 차량의 취득

  e. 건축물을 건축하여 취득하는 경우로서 그 건축물에 대하여 법 제28조제1항 제1호 가목 또는 나목에 따른 소유권의 보존 등기 또는 소유권의 이전 등기에 대한 등록면허세 납세의무가 성립한 후 제20조에 따른 취득시기가 도래하는 건축물의 취득

과밀억제권역	취 득	등 기	중과세율
(대도시) + 공장·법인 + 신설·증설	3배	-	표준세율과 중과기준세율의 **100분의 200을 합한** 세율 ⇒ 표준세율 + (중과기준세율 × 2)
	-	3배	표준세율의 100분의 300에서 중과기준세율의 100분의 200을 뺀 세율 ⇒ (표준세율 × 3) – (중과기준세율 × 2)
	3배	3배	표준세율 × 3

└─ 단, 도시형 업종(의료업, 유통업, 은행업 등)에 해당하는 경우는 중과하지 아니한다.

사치성 재산	취 득	등 기	중과세율
	5배	-	표준세율과 중과기준세율의 **100분의 400을 합한** 세율 ⇒ 표준세율 + (중과기준세율 × 4)

⇩

① 회원제 **골프장**

② 고급 **오락장**

③ 고급 **선박**

④ 고급 **주택**

A. 고급주택·고급오락장에 부속된 **토지의 경계가 명확하지 아니할 때**에는 그 건축물 **바닥면적의 10배**에 해당하는 토지를 그 부속토지로 본다.

B. 골프장·고급오락장·고급선박 또는 고급주택을 2명 이상이 구분하여 취득하거나 1명 또는 여러명이 시차를 두고 구분하여 취득하는 경우에 중과세를 적용한다.

C. 고급 오락장 또는 고급주택을 **취득한 날부터 60일 (상속은 상속개시일이 속하는 달의 말일부터 6개월) 이내**에 해당 용도로 사용하지 않거나 **해당 용도가 아닌 용도로 용도변경공사**를 착공하는 경우는 **중과하지 아니한다.**

① **회원제 골프장** : 회원제 골프장용 부동산 중 구분등록의 대상이 되는 토지와 건축물 및 그 토지 상(上)의 입목

② **고급 오락장** : 도박장, 유흥주점영업장, 특수목욕장, 그 밖에 이와 유사한 용도에 사용되는 건축물과 그 부속토지

③ **고급 선박** : 비업무용 자가용 선박으로서 **시가표준액이 3억원을 초과**하는 선박. 다만, 실험·실습 등의 용도에 사용할 목적으로 취득하는 것은 제외한다.

④ **고급 주택** : 다음의 요건을 충족하는 주거용 건축물과 그 부속토지

요 건		취득당시 시가표준액
단독주택 (1개 이상 충족)	• 건축물의 연면적(주차장면적은 제외)이 331㎡를 초과	**9억원 초과**
	• 대지면적이 662㎡를 초과	
	• 엘리베이터 (적재하중 200kg 이하 소형은 제외)	
	• 에스컬레이터	제한없음
	• 67㎡ 이상의 수영장	
공동주택	• 건축물 연면적이 245㎡ (복층형은 274㎡)를 초과	**9억원 초과**

---

(1) 유상거래를 원인으로 **주택**을 취득하는 경우

구 분		취득 후 주택 수			
		1주택	2주택	3주택	4주택 이상
개 인 (1세대)	조정대상지역	표준세율	**중과세 (3배)** (일시적 2주택 : 표준세율)	중과세 (5배)	중과세 (5배)
	비조정대상지역	표준세율	표준세율	**중과세 (3배)**	**중과세 (5배)**
법 인	모든 지역	**중과세 (5배)**	**중과세 (5배)**	**중과세 (5배)**	**중과세 (5배)**

• [일시적 2주택] 국내에 주택, 조합원입주권, 주택분양권 또는 오피스텔을 1개 소유한 1세대가 그 주택, 조합원입주권, 주택분양권 또는 오피스텔 (종전 주택등)을 소유한 상태에서 이사·학업·취업·직장이전 및 이와 유사한 사유로 다른 주택 (신규주택)을 추가로 취득한 후 **3년 이내에 종전주택 등을 처분하는 경우** 해당 신규 주택을 말한다.

① **3배** : 표준세율과 중과기준세율의 **100분의 200을 합한** 세율
② **5배** : 표준세율과 중과기준세율의 **100분의 400을 합한** 세율

(2) 무상(상속 제외)거래를 원인으로 주택을 취득하는 경우

비영리 사업자		표준세율 (2.8%)
그 외	원 칙	표준세율 (3.5%)
	조정대상지역 주택 + 공시가격 3억원 이상	중과세 (5배)

다음에 해당하는 경우에는 중과세를 적용하지 아니한다.

① 1세대 1주택을 소유한 사람으로부터 해당 주택을 배우자 또는 직계존비속이
무상취득(상속 제외)을 원인으로 취득하는 경우

② 「민법」 제834조, 제839조의 2 및 제840조에 따른 재산분할로 인한 취득

1세대 '1세대'란 주택을 취득하는 사람과 주민등록표에 함께 기재되어 있는 가족으로 구성된
세대를 말한다.

항상 같은 세대로 보는 경우	별도의 세대로 인정되는 경우
• **배우자** (동거인은 제외) • **30세 미만**의 자녀 또는 부모	• **30세 이상**의 자녀 또는 부모 • 30세 미만의 자녀로서 소득이 **기준 중위소득의 100분의 40 이상** • 취득일 현재 **65세 이상의 직계존속을 동거봉양**하기 위하여 30세 이상의 직계비속, 혼인한 직계비속 또는 기준 중위소득의 100분의 40 이상 소득요건을 충족한 성년인 직계비속과 **합가**한 경우 • 취학 또는 근무상의 형평 등으로 **90일 이상 출국**하는 경우로서 해당 세대가 출국 후에 속할 거주지를 다른 가족의 주소로 신고한 경우 • 별도의 세대를 구성할 수 있는 사람이 주택을 취득한 날부터 60일 이내에 세대를 분리하기 위하여 그 취득한 주택으로 주소지를 이전하는 경우

02 [취득세] 주택 수 계산 등

> ➤ 주택 수 판단

① 「신탁법」에 따라 **신탁된 주택**은 **위탁자**의 주택 수에 가산한다.

② 조합원입주권, 주택분양권은 해당 소유자의 주택 수에 가산한다.

③ 재산세가 주택으로 과세되는 오피스텔은 해당 소유자의 **주택수에 가산**한다.

④ 주택의 공유지분이나 부속토지만을 소유하거나 취득하는 경우에도 주택을 소유하거나 취득한 것으로 본다.

⑤ 동시에 **2개 이상 취득**하는 경우에는 **납세의무자가 정하는 바에 따라 순차적**으로 취득한 것으로 본다.

> ➤ 중과세 제외 주택

① 사원에 대한 임대용으로 직접 사용할 목적으로 취득하는 주택으로서 1구의 건축물의 연면적이 60제곱미터 이하인 공동주택

② 시가표준액이 1억원 이하인 주택

③ 「문화유산의 보존 및 활용에 관한 법률」에 다른 지정문화유산

---

02 [취득세] 중과세 종합

종 류			취 득	등 기	중과세율
과밀억제권역 + 법인 또는 공장 + 사업용 부동산 등			3배	-	표준세율과 중과기준세율의 100분의 **200을 합한 세율**
			-	3배	
			3배	3배	
사치성 재산 (골 / 오 / 선 / 주)			5배	-	표준세율과 중과기준세율의 100분의 **400을 합한 세율**
주택	유상	• 1세대 + 조정지역 2주택 • 1세대 + 비조정지역 3주택	3배	-	표준세율과 중과기준세율의 100분의 **200을 합한 세율**
		• 1세대 + 조정지역 3주택 이상 • 1세대 + 비조정지역 4주택 이상 • 법인	5배	-	표준세율과 중과기준세율의 100분의 **400을 합한 세율**
	무상	• 조정지역 + 3억원 이상			

```
                              원칙 : 신고 · 납부
┌─────────────────┐    ───────────────────────▶    ╭──────────────────────╮
│   납세의무자      │           취득세                │  **납세지** 관할 지방자치단체 │
└─────────────────┘    ◀───────────────────────    │      (특 · 광 · 도)      │
                         예외 : 보통징수 + 가산세         ╰──────────────────────╯
```

- 사실상 취득자
- 상속인 각자
- 새로운 위탁자
- 조합원
- 대여업자
- 수입하는 자
- 취득대금을 지급한 자
- 주체구조부 취득자
- 변경시점의 소유자
- 조합원 및 사업시행자
- 과점주주

구　분	납　세　지	
부동산	**부동산** 소재지	
입　목	입　목 소재지	1. 납세지가 분명하지 아니한 경우
차　량, 기계장비	등록지	- 해당 취득물건 소재지
선　박	**선적항** 소재지	
항공기	**정치장** 소재지	2. 둘 이상의 지방자치단체에 걸쳐 있는 경우
광업권	**광　구** 소재지	- 소재지별로 안분 (시가표준액 비율)
어업권(양식업권 포함)	**어　장** 소재지	

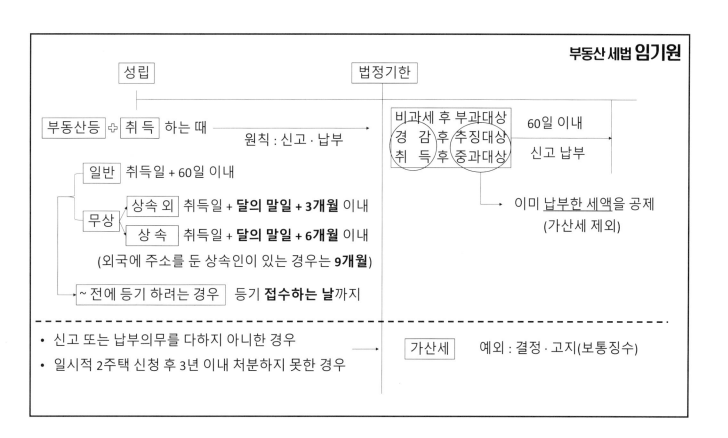

구　분		법정신고납부기한	
일반적인 경우		취득일부터 60일 이내	
토지거래허가 받기 전에 대금을 완납		**허가일**부터 60일 이내	
무상취득	상속 외 (**부담부증여 포함**)	취득일이 속하는 **달의 말일**부터 **3개월** 이내	
	상속	취득일이 속하는 **달의 말일**부터 **6개월** 이내 (외국에 주소를 둔 상속인이 있는 경우에는 **9개월**)	
법정기한 내에 등기 또는 등록 하려는 경우		등기 또는 등록 신청서를 등기 또는 등록관서에 **접수하는 날**까지	
추가 납부	**비과세** 받은 후 **부과**대상이 된 경우	그 사유발생일부터 60일 이내	이미 납부한 세액 (**가산세는 제외**)을 공제한 금액을 신고납부
	경감받은 후 **추징**대상이 된 경우	그 사유발생일부터 60일 이내	
	취득 후 **중과**세율 적용대상이 된 경우	중과대상이 된 날부터 60일 이내	

- 「부동산등기법」제28조에 따라 채권자대위권에 의한 등기신청을 하려는 채권자(채권자대위자)는 납세의무자를 대위하여 부동산의 취득에 대한 취득세를 신고납부할 수 있다.
- 지방자치단체의 장은 채권자대위자의 신고납부가 있는 경우 납세의무자에게 그 사실을 즉시 통보하여야 한다.

다음 어느 하나에 해당하는 경우에는 산출세액 또는 그 부족세액에 「지방세기본법」제53조부터 제55조까지의 규정에 따라 산출한 **가산세를 합한 금액**을 세액으로 하여 **보통징수의 방법**으로 징수한다.

① 취득세 납세의무자가 **신고 또는 납부의무를 다하지 아니한 경우**
② **일시적 2주택**으로 신고하였으나 그 취득일로부터 **3년 이내**에 종전 주택을 처분하지 **못하여** 1주택으로 되지 아니한 경우

납세의무자가 신고기한까지 취득세를 **시가인정액**으로 신고한 후 지방자치단체의 장이 세액을 경정하기 전에 그 시가인정액을 **수정신고**한 경우에는 「지방세기본법」제53조 및 제54조에 따른 **가산세를 부과하지 아니한다.**

1. 신고 또는 납부의무 불이행 (「지방세기본법」 제53조부터 55조)

신고하지 아니한 경우	무 **신 고** 가 산 세	무신고납부세액 × 100분의 20 (사기 부정은 **100분의 40**)
적게 **신고**한 경우	과소**신고**가산세	과소신고납부세액 × **100분의 10** (사기 부정은 **100분의 40**)
납부하지 아니한 경우	**납부**지연가산세	납부하지 아니한 세액 × 미납**일수** × 10만분의 22 (한도 **75%**)
적게 **납부**한 경우		

2. 장부 등의 작성과 보존 의무 불이행 (「지방세법」 제22조의2)

① 취득세 납세의무가 있는 법인은 **법령으로 정하는 바에 따라** 취득 당시의 가액을 증명할 수 있는 장부와 관련 증거서류를 작성하여 갖춰 두어야 한다.

② 지방자치단체의 장은 취득세 납세의무가 있는 법인이 ①에 따른 의무를 이행하지 아니하는 경우에는 산출된 세액 또는 부족세액의 **100분의 10**에 상당하는 금액을 징수하여야 할 세액에 가산한다.

---

3. 중가산세 (「지방세법」 제21조)

① 납세의무자가 **취득세 과세물건**을 **사실상 취득**한 후 **신고를 하지 아니하고 매각**하는 경우에는 그 **산출세액에 100분의 80**을 가산한 금액을 세액으로 하여 **보통징수의 방법으로 징수**한다.

② 다만, 다음의 경우에 대해서는 그러하지 아니한다.

　㉠ 취득세 과세물건 중 등기 또는 등록을 필요하지 아니하는 과세물건(회원권은 제외)

　㉡ **지목변경**, 차·량기계장비 또는 선박의 종류변경, 주식등의 취득 등 취득으로 보는 과세물건

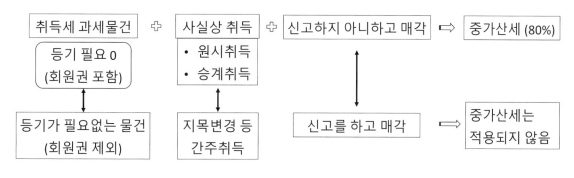

1. 다음에 해당하는 자는 취득세 과세물건을 **매각**(연부로 매각한 것을 포함한다)하면 **매각일부터 30일 이내**에 대통령령으로 정하는 바에 따라 그 물건 소재지를 관할하는 지방자치단체의 장에게 **통보**하거나 신고하여야 한다.

   ① 국가, 지방자치단체 또는 지방자치단체조합

   ② 국가 또는 지방자치단체의 투자기관(재투자기관을 포함한다)

   ③ 그 밖에 제① 및 ②에 준하는 기관 및 단체로서 대통령령으로 정하는 자

2. 등기·등록관서의 장은 등기 또는 등록 후에 취득세가 납부되지 아니하였거나 납부부족액을 발견하였을 때에는 **다음 달 10일까지** 납세지를 관할하는 시장·군수·구청장에게 **통보**하여야 한다.

면세점	1. 취득**가액(연부취득의 경우는 연부금 총액)**이 **50만원 이하**일 때에는 취득세를 **부과하지 아니한다.**	

연부취득	면세점 판단	연부금 총액
	과세표준	연부금액 (매회 사실상 지급하는 금액)
	취득시기	사실상의 연부금 지급일

2. 토지나 건축물을 취득한 자가 그 취득한 날부터 **1년 이내**에 그에 인접한 토지나 건축물을 취득한 경우에는 각각 그 전 후의 취득에 관한 토지나 건축물의 취득을 **1건**의 토지 취득 또는 1구의 건축물 취득으로 보아 **면세점을 적용**한다.

부가세	농어촌특별세	• 취득세의 표준세율을 100의 2로 적용하여 **산출한 취득세액의 100분의 10** • 취득세 **감면세액의 100분의 20**
	지방교육세	• 표준세율에서 중과기준세율을 뺀 세율을 적용하여 **산출한 세액의 100분의 20**

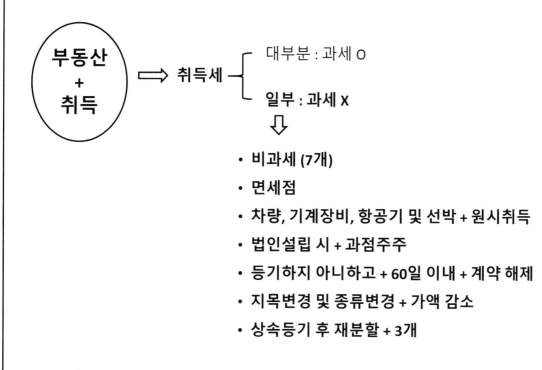

1. 국가 등의 취득

　① **국가, 지방자치단체, 지방자치단체조합, 외국정부, 및 주한국제기구**의 취득에 대해서는 취득세를
　　부과하지 아니한다.

　② 다만, 대한민국 정부기관의 취득에 대하여 **과세하는 외국정부**의 취득에 대해서는 취득세를 **부과**한다.

2. 국가 등에 귀속 또는 기부채납

　① 국가, 지방자치단체, 지방자치단체조합에 **귀속 또는 기부채납**을 조건으로 취득하는 부동산 및
　　사회기반시설에 대해서는 취득세를 부과하지 아니한다.

　② 단, 다음의 경우에는 취득세를 **부과**한다.

　　a. 국가 등에게 **귀속등의 조건을 이행하지 아니하고** 타인에게 매각하거나 귀속 등을 이행하지
　　　아니하는 것으로 조건이 변경된 경우

　　b. 국가 등에 귀속 등의 반대급부로 국가 등이 소유하고 있는 부동산 등을 무상으로 양여받거나
　　　기부채납 대상물의 **무상사용권을 제공**받은 경우

3. 신탁재산

① 신탁(「신탁법」에 따른 신탁으로서 신탁등기가 병행되는 것만 해당한다)으로 인한 신탁재산의 취득으로서 다음에 해당하는 것은 취득세를 부과하지 아니한다.

- 위탁자로부터 **수탁자**에게 이전하는 경우
- 신탁의 종료 등으로 인하여 **수탁자**로부터 위탁자에게 이전하는 경우
- **수탁자**가 변경되어 신수탁자에게 이전되는 경우

② 다만, 다음의 경우는 취득세를 **부과**한다.

- a. 신탁재산의 취득 중 주택조합과 **조합원** 간의 부동산 취득 및 주택조합 등의 **비조합원**용 부동산의 취득
- b. **명의신탁** 및 신탁재산으로서 **위탁자의 지위**가 이전되는 경우

---

4. 법률상 환매권 행사

① 「징발재산정리에 관한 특별조치**법**」 또는 「국가보위에 관한 특별조치**법** 폐지 법률」에 따른 동원대상지역 내의 토지의 수용 사용에 관한 **환매권**의 행사로 매수하는 부동산의 취득에 대하여는 취득세를 부과하지 아니한다.

② 단, **환매등기가 병행하는 부동산의 매매**로서 환매기간 내에 매도자가 환매한 경우의 그 매도자와 매수자의 취득은 취득세를 **부과**한다.

5. 임시건축물

① 임시흥행장, 공사현장사무소 등 **임시건축물**의 취득에 대해서는 취득세를 부과하지 아니한다.

② 다만, 다음의 경우에는 취득세를 **부과**한다.

- a. 존속기간이 **1년을 초과**하는 경우 : 중과기준세율
- b. **사치성 재산**으로 사용하는 경우 : 중과세율

6. 공동주택의 개수 (대수선은 제외)

「주택법」제2조제3호에 따른 **공동주택**의 **개수**(「건축법」제2조제1항제9호에 따른 **대수선은**
제외한다)로 인한 취득 중 개수로 인한 취득 당시 법 제4조에 따른 주택의 **시가표준액이**
9억원 이하인 주택과 관련된 개수로 인한 취득에 대해서는 취득세를 부과하지 아니한다.

구 분		과세여부	과세표준 및 세율
개수	건축물 면적 증가O	과 세	증가한 가액 × 표준세율 (1천분의 28)
	건축물 면적 증가X	과 세	증가한 가액 × 중과기준세율
	공동주택 + 개수(대수선 제외)	비과세	-

7. 사용불가능한 차량의 상속

다음 어느 하나에 해당하는 차량에 대하여는 상속에 따른 취득세를 부과하지 아니한다.

① 상속개시 이전에 천재지변 · 화재 · 교통사고 · 차령초과 등으로 사용할 수 없게 된 차량으로서
   대통령령으로 정하는 차량

② 차령초과로 사실상 차량을 사용할 수 없는 경우 등 대통령령으로 정하는 사유로 상속으로 인한
   이전등록을 하지 아니한 상태에서 폐차함에 따라 상속개시일부터 3개월 이내에 말소등록 된
   차량

비과세	과 세
• 국가 등의 취득	• 대한민국 정부에 대하여 과세하는 외국정부
• 국가 등 + 귀속 또는 기부채납 + 부동산	• 귀속 등의 조건을 이행하지 아니한 경우 • 무상사용권을 제공받은 경우
•「신탁법」에 따른 신탁 + 수탁자	• 조합원 및 비조합원용, 위탁자 지위 이전
•「~~법」+ 환매권 행사	• 환매등기가 병행되는 매도자와 매수자
• 임시건축물	• 존속기간이 1년을 초과하는 경우 • 사치성으로 사용하는 경우
• 공동주택 + 개수(대수선은 제외) + 9억원 이하	• 단독주택 • 대수선 • 시가표준액 9억원 초과
• 상속 + 천재지변 등 사용할 수 없는 차량	
	• 묘지, 파산선고, 1세대 1주택 등

과 세			비과세
등기 필요○		등기 필요×	
표준세율	표준세율 - 중과기준세율	중과기준세율	
			국가 등 취득
			귀속 또는 기부채납
	환매등기		「~~법」+ 환매권
			신탁재산의 취득
		임시건축물 + 1년 초과	**임시건축물**
개수 + 면적증가○		**개수** + 면적증가×	공동주택 + **개수** (대수선 제외)
상속 + 대부분	**상속** + 1주택 및 감면농지		**상속** + 사용불능 차량
이혼 + 위자료	이혼 + 재산분할		
공유물·합유물 분할 (초과분 있는 경우)	공유물·합유물 분할 (초과분 없는 경우)		
건축물 이전 (초과분 있는 경우)	건축물 이전 (초과분 없는 경우)		
		변경 + 가액증가	
		과점주주	
		묘지, 시설	

등록면허세

원칙 : 신고 납부

납세의무자 → 등록면허세 → 납세지 관할 지방자치단체

예외 : 보통징수
(가산세 포함)

↑

권리의 설정,
변경 또는 소멸
+
등기 또는 등록

1. 지방세 (도, 구)

2. 보통세, 직접세, 독립세,

3. 행위세, 유통세, 응능세 (담세력)

4. 형식주의 과세

5. 성립시기 : **등기 또는 등록하는 때**

6. 확정방법 : **원칙(신고) /** 예외(결정 + 가산세)

7. 가산세, **최저세액, 신고의제**

8. ~~물납 및 분할납부~~

9. 부가세 : 지방교육세

"**등록**"이란 재산권과 그 밖의 권리의 설정·변경 또는 소멸에 관한 사항을 공부에 **등기 또는 등록하는 것**을 말한다. 다만, 취득을 원인으로 이루어지는 등기 또는 등록은 제외하되, 다음의 어느 하나에 해당하는 등기나 등록은 포함한다.

① **광업권, 어업권 및 양식업권**의 취득에 따른 등록

② **외국인 소유**의 취득세 과세대상 물건(차량, 기계장비, 항공기 및 선박만 해당한다)의
    연부취득에 따른 등기 또는 등록

③ 취득세 부과**제척기간이 경과**한 후 해당 물건에 대한 등기 또는 등록

④ 취득세 **면세점**에 해당하는 물건의 등기 또는 등록

재산권과 그 밖의 권리의 설정·변경 또는 소멸에 관한 사항을 공부에 등기하거나 등록하는 경우에 **그 등록을 하는 자**가 등록면허세를 납부할 의무를 진다.(「지방세법」 제24조)

> **"등록을 하는 자"**란 재산권 기타 권리의 설정·변경 또는 소멸에 관한 사항을 공부에 등기 또는 등록을 받는 등기·등록부상에 기재된 **명의자 (등기권리자)**를 말한다.(지방세관계법 운영예규)

구 분		납세의무자
권 리	설 정	~~ 권 자
	말 소	~~ 설정자

구 분		납세의무자
전세권	설 정	전세**권자** (세입자)
	말 소	전세권**설정자** (건물주)

구 분		납세의무자
저당권	설 정	저당**권자** (채권자)
	말 소	저당권**설정자** (채무자)

구		분			과세표준	표준세율	최저세액
권 리	소유권	보존등기			부동산 가액	1천분의 8	세액이 **6천원 미만**인 경우에는 **6천원**으로 한다.
		이전등기	유상 (주택 제외)		부동산 가액	1천분의 20	
			무상	상속	부동산 가액	1천분의 8	
				증여 등	부동산 가액	1천분의 15	
	소유권 외 권리	가등기			부동산 가액 채 권 금 액	1천분의 2	
		지상권			부동산 가액		
		지역권			요역지 가액		
		전세권			전 세 금 액		
		임차권			월 임대차금액		
		저당권, 가압류, 가처분, 경매신청			채 권 금 액		
권리 외 (말소등기, 변경등기, 합필등기 등)					건당	6천원	

			취득세	등록면허세
유 상	주 택	6억원 이하		
		9억원 이하		
		9억원 초과		
	농 지			
	그 외 부동산			
상 속	농 지			
	그 외 부동산			
무 상 (상속 제외)	비영리사업자			
	영리 및 개인			
분 할				
원 시				

① 일반적인 경우 : **등록면허세 ⟶ 등록 당시의 가액**

원칙 : 신고가액

> 등록면허세 신고서상의 금액과 공부상의 금액이 다를 경우에는 공부상의 금액을 과세표준으로 한다. (지방세관계법 운영예규)

⬇

• 신고가 없는 경우
• 신고가액이 시가표준액보다 적은 경우 ⟹ 시가표준액

② 취득을 원인으로 하는 등기 또는 등록

　㉠ 광업권·어업권 및 양식업권의 취득에 따른 등록 : **취득당시** 가액

　㉡ 외국인 소유의 차량 등의 연부 취득에 따른 등기 또는 등록 : **취득당시** 가액

　㉢ 취득세 **부과제척기간이 경과**한 물건의 등기 또는 등록 : 등록당시 가액과 **취득당시 가액** 중 높은 가액

　㉣ 취득세 면세점에 해당하는 물건의 등기 또는 등록 : **취득당시** 가액

> 다만, 등록 당시에 **자산재평가 또는 감가상각** 등의 사유로 그 가액이 달라진 경우에는 **변경된 가액 (등기일 또는 등록일 현재의 법인장부 또는 결산서 등으로 증명되는 가액)**을 과세표준으로 한다.

③ 채권금액으로 과세액을 정하는 경우에 일정한 채권금액이 없을 때에는 채권의 목적이 된 것의 가액 또는 처분의 제한의 목적이 된 금액을 그 채권금액으로 본다.

원칙	**표준**세율 (± 50%)	비례세율	정률세	• 0.2%, 0.8%, 1.5%, 2% • 유상 + 주택 : 취득세율의 100분의 50을 곱한 세율		
			정액세	• 6천원		
		누진세율		X		
특례				X		
예외	**중과**세율	**과밀억제권역** (대도시)	법 인	표준세율의 100분의 300		
				중과대상	➢ **대도시**에서 **법인**을 **설립**하거나 지점이나 분사무소를 **설치** ➢ 대도시 밖에 있는 **법인**의 본점이나 주소무소를 **대도시**로 **전입**	
				중과제외	은행업, 유통산업(백화점 등), 의료업, 할부금융업 등	
			공장	X		
		사치성 재산		X		
		주 　 택		X		

원칙 : 신고 · 납부

납세의무자
(등록을 하는 자)

등록면허세

예외 : 보통징수 + 가산세

납세지 관할 지방자치단체
(도·구)

구 분		납 세 지		취득세	등록면허세
부동산	부동산 소재지			취득세	등록면허세
입 목	입 목 소재지	1. 납세지가 분명하지 아니한 경우		취득물건 소재지	등록관청 소재지
차량,기계장비	등 록 지	2. 둘 이상의 지방자치단체에 걸쳐 있는 경우		안분계산 (시가표준액 비율)	등록관청 소재지
선 박	선적항 소재지				
항공기	정치장 소재지	3. 같은 **채권**의 담보를 위하여 설정하는 **둘 이상의 저당권**을 등록하는 경우에는			
광업권	광 구 소재지	이를 하나의 등록으로 보아 그 등록에 관계되는 재산을 **처음 등록하는 등록관청**			
어업권,양식업권	어 장 소재지	**소재지**를 납세지로 한다.			

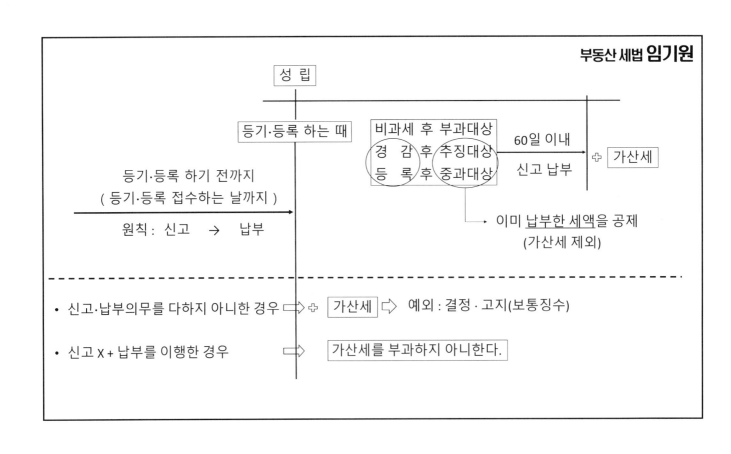

성 립

등기·등록 하는 때

비과세 후 부과대상
경 감 후 추징대상
등 록 후 중과대상

60일 이내
신고 납부

＋ 가산세

등기·등록 하기 전까지
(등기·등록 접수하는 날까지)

원칙 : 신고 → 납부

이미 **납부한 세액을 공제**
(가산세 제외)

- 신고·납부의무를 다하지 아니한 경우 ⇨＋ 가산세 ⇨ 예외 : 결정 · 고지(보통징수)

- 신고 X + 납부를 이행한 경우 ⇨ 가산세를 부과하지 아니한다.

구 분	법정신고납부기한	
	취득세	등록면허세
일반적인 취득	취득일 + 60일	X
상속 외의 무상 (증여 등)	취득일 + 달의 말일 + 3개월	X
상속	취득일 + 달의 말일 + 6개월 (9개월)	X
등기 또는 등록 하려는 경우	등기·등록 **접수하는 날**까지	등기·등록을 하기 **전**까지
비과세·과세면제 받은 후 부과대상	사유발생일부터 60일 이내	
경감 받은 후 추징대상	사유발생일부터 60일 이내 [이미 납부한 세액(가산세는 제외)은 공제]	
취득 또는 등록 후 중과대상	중과대상이 된 날부터 60일 이내 [이미 납부한 세액(가산세는 제외)은 공제]	

- 채권자대위자는 납세의무자를 대위하여 부동산의 등기에 대한 등록면허세를 신고납부 할 수 있다.

- 이 경우 채권자 대위자는 납부확인서를 발급받을 수 있으며, 지방자치단체의 장은 채권자대위자의 신고납부가 있는 경우 납세의무자에게 그 사실을 즉시 통보하여야 한다.

등록면허세의 납세의무자가 **신고 또는 납부의무를 다하지 아니하면** 산출한 세액 또는 그 부족세액에 **가산세를 합한** 금액을 세액으로 하여 **보통징수**의 방법으로 징수한다.

가산세		취득세	등록면허세
신고의무 불이행	무 신 고 가 산 세	100분의 20 (사기·부정은 100분의 40)	100분의 20 (사기·부정은 100분의 40)
	과소신고가산세	100분의 10 (사기·부정은 100분의 40)	100분의 10 (사기·부정은 100분의 40)
납부의무 불이행	납부지연가산세	미납일수 × 10만분의 22	미납일수 × 10만분의 22
법인 장부 작성 및 보관 불이행		**100분의 10**	X
중가산세		**100분의 80**	X

신고의제
- 등록면허세의 **신고의무를 다하지 아니한 경우**에도 등록면허세 산출세액을 등록을 하기 전까지 **납부하였을 때**에는 **신고를 하고 납부한 것으로 본다.**
- 이 경우 신고관련 **가산세를 부과하지 아니한다.**

➢ 특별징수의무자가 징수하였거나 징수할 세액을 법정기한까지 납부하지 아니하거나 부족하게 납부하더라도 특별징수의무자에게 가산세는 부과하지 아니한다.

1. 등기자료 통보

등기·등록관서의 장은 등기 또는 등록 후에 등록면허세가 납부되지 아니하였거나 **납부부족액을 발견**한 경우에는 **다음 달 10일**까지 납세지를 관할하는 시장·군수·구청장에게 통보하여야 한다.

2. 부가세

① **지방교육세** : 등록면허세로 **납부할 세액**의 **100분의 20**

② **농어촌특별세** : 등록면허세의 **감면세액**의 **100분의 20**

3. 최저세액

등록면허세액이 6천원 미만인 경우에는 6천원으로 한다.

취득세	취득가액 + 50만원 이하	⇒ 과세하지 아니함	면세점
등록면허세	등록세액 + 6천원 미만	⇒ 6천원을 징수함	최저세액
재산세	재산세액 + 2천원 미만	⇒ 징수하지 아니함	소액징수면제

---

1. 국가 등의 등록

- 국가, 지방자치단체, 지방자치단체조합, 외국정부, 및 주한국제기구가 자기를 위하여 받는 등록에 대하여는 등록면허세를 부과하지 아니한다.

- 다만, 대한민국 정부기관의 등록에 대하여 **과세하는 외국정부**의 등록에 대해서는 등록면허세를 **부과**한다.

2. 기타 등록

다음에 해당하는 등록 또는 면허에 대하여는 등록면허세를 부과하지 아니한다.

① 「채무자 회생 및 파산에 관한 법률」 제6조 제3항 등에 따른 등기 또는 등록(등기소 직권 등기 또는 등록)

② 행정구역변경 등기, 주민등록번호의 변경, 지적 소관청의 지번 변경, 계량단위의 변경, 등록담당공무원의 착오 및 이와 유사한 사유로 인한 등록으로서 주소, 성명, 주민등록번호, 지번, 계량단위 등의 단순한 표시변경·회복 또는 경정 등록

③ 무덤과 이에 접속된 부속시설물의 부지로 사용되는 토지로서 지적공부상 지목이 묘지인 토지에 관한 등기

3. 압류 또는 압류 해제의 등기·등록

국세 또는 지방세의 **체납**으로 인한 **압류 또는 압류해제**의 등기 또는 등록에 관하여는 등록면허세를 부과하지 아니한다.

취득세		등록면허세
지방세 (**특별시, 광역시**, 도)	과 세 주 체	지방세 (도, **구**)
사실주의	판 단 기 준	형식주의
취득하는 때	성 립 시 기	등기·등록하는 때
부동산, 선박, 항공기, 기계장비, 차량, 입목, 광업권, 어업권, 양식업권, 회원권(5개)	과 세 대 상	등기 또는 등록 대상 (단, 취득을 원인으로 하는 등기 등록은 제외)
사실상 취득자 등	납 세 의 무 자	등기 등록을 하는 자 (**명의자**)
부동산, 선적항, 정치장, 광구, 어장 등	납 세 지	부동산, 선적항, 정치장, 광구, 어장 등
① 납세지 불분명 ⇒ 취득**물건** 소재지		① 납세지 불분명 ⇒ **등록관청 소재지**
② 2이상의 지자체 ⇒ 소재지별로 **안분**		② 2이상의 지자체 ⇒ **등록관청 소재지**
X	분 할 납 부 물 납	X
과세 (중과기준세율)	묘 지	**비과세**

취득세		등록면허세
일반적인 경우 : **취득당시** 가액 - 사실상 취득가격 - 시가인정액 - 시가표준액 연부취득 : 연부금액 (매회 사실상 지급)	과세표준	일반적인 경우 : **등록당시** 가액 - 신고가액 - 시가표준액 취득원인 등기 : 취득당시 가액 (단, 감가상각 또는 자산재평가 ⇒ 변경된 가액)

원칙 : 표준세율(±50%)
① 비례세 : 2.3%, 2.8%, 3%, 3.5%, 4%
     (유상 + 주택 : 1%……3%)
②누진세
특례 : **중과기준세율**
예외 : 중과세율
㉠ 과밀억제권역 : 100분의200을 합한 세율
㉡ **사치성 재산 : 100분의 400을 합한 세율**
㉢ **주택 : 100분의 200 또는 100분의 400을 합한 세율**
	세 율	원칙 : 표준세율(±50%)
		① 비례세 : 0.2%, 0.8%, 1.5%, 2%, **6천원**
		     (유상 + 주택 : 취득세율의 50%)
		②누진세
		X
		예외 : 중과세율
		㉠ 대도시 + 법인등기 : 100분의 300
		㉡ -
		㉢ -

취득세		등록면허세
① **취득일 + 60일** ② **취득일 + 달의 말일 + 3개월 / 6개월(또는 9개월)** ③ 등기 접수하는 날까지 ④ 추가 + 60일	신 고 납 부	① - ② - ③ 등기 전까지 ④ 추가 + 60일
① 신고납부 관련 ⇒ 10%, 20%, 40%, 일 10만분의 22 ② **법인 + 장부작성 X ⇒ 10%** ③ **중가산세 ⇒ 80%**	가 산 세	① 신고납부 관련 ⇒ 10%, 20%, 40%, 일 10만분의 22 ② - ③ -
취득가액이 50만원 이하 ⇒ 과세 X	면 세 점	X
X	최 저 세 액	**등록면허세액이 6천원 미만 ⇒ 6천원 징수**
시가인정액으로 신고한 후 이를 수정신고한 경우 **⇒ 가산세 없음**		신고의무를 다하지 않았지만 납부를 이행한 경우 ⇒ 신고를 하고 납부한 것으로 본다. (가산세 없음)
농어촌특별세 10% 지방교육세 20%	부 가 세	- 지방교육세 20%
감면세액 : 농어촌특별세 20%		감면세액 : 농어촌특별세 20%

재산세

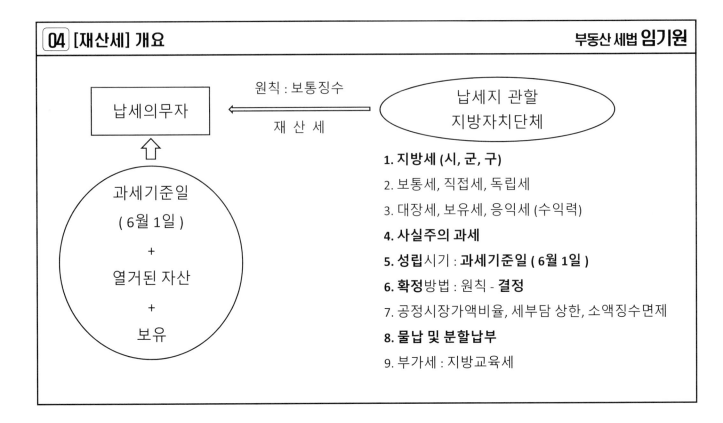

원칙 : 보통징수

재 산 세

납세의무자

납세지 관할 지방자치단체

과세기준일 (6월 1일) + 열거된 자산 + 보유

1. **지방세 (시, 군, 구)**
2. 보통세, 직접세, 독립세
3. 대장세, 보유세, 응익세 (수익력)
4. **사실주의 과세**
5. **성립**시기 : **과세기준일 (6월 1일)**
6. **확정**방법 : 원칙 - **결정**
7. 공정시장가액비율, 세부담 상한, 소액징수면제
8. **물납 및 분할납부**
9. 부가세 : 지방교육세

과세대상	범 위	과세방법
토 지	• 지적공부상 등록대상 토지와 그 밖에 사용되고 있는 사실상의 토지	• **소유자별 과세(인세)** • 토지별 과세(물세)
주 택	• 「주택법」 제2조 제1호에 따른 주택 ⇒ 주거용 [**건축물 + 부수토지**] ➢ 단, **토지와 건축물의 범위에서 주택은 제외**한다.	• 주택별 과세(물세)
건축물	• 「건축법」상 건축물과 토지에 정착하거나 지하 또는 다른 구조물에 설치하는 레저시설 등	• 건축물별 과세(물세)
선 박	• 기선, 범선 등 명칭에 관계없이 모든 배	• 선박별 과세(물세)
항공기	• 사람이 탑승 조정하여 항공에 사용하는 비행기 등	• 항공기별 과세(물세)

[취득세]　토지, 건축물, 선박, 항공기, 기계장비, 차량, 입목, 양식업권, 광업권, 어업권, 회원권(5개)

1. 원칙 : 사실상의 현황

다음의 경우에는 **사실상의 현황**에 따라 재산세를 부과한다.

- 재산세의 과세대상 물건이 토지대장, 건축물대장 등 공부상 **등재되지 아니**한 경우
- **공부상 등재현황과 사실상의 현황이 다른 경우**

2. 예외 : 공부상 등재현황

다만, 다음의 경우에는 **공부상 등재현황**에 따라 재산세를 부과한다.

① 관계법령에 따라 허가 등을 받아야 함에도 불구하고 **허가 등을 받지 않고** 재산세의 과세대상 물건을 이용하는 경우로서 **사실상 현황에 따라 재산세를 부과**하면 오히려 **재산세 부담이 낮아지는 경우**

② 재산세 **과세기준일** 현재의 사용이 **일시적으로 공부상 등재현황과 달리 사용**하는 것으로 인정되는 경우

---

1. 주택의 **부속토지의 경계가 명백하지 아니한 경우**에는 그 주택의 **바닥면적의 10배**에 해당하는 토지를 주택의 부속토지로 한다.

2. 「건축법 시행령」 별표 1 제1호다목에 따른 **다가구주택**은 **1가구**가 독립하여 구분 사용할 수 있도록 분리된 부분을 1구의 주택으로 본다.

3. 겸용주택 판정

① **1동(棟)**의 건물이 주거와 주거 외의 용도로 사용되고 있는 경우에는 **주거용으로 사용되는 부분만**을 주택으로 본다.

② **1구(構)**의 건물이 주거와 주거 외의 용도로 사용되고 있는 경우에는 **주거용으로 사용되는 면적이 전체의 100분의 50 이상**인 경우에는 **주택으로 본다.**

> 건축물에서 허가 등이나 사용승인(임시사용승인을 포함)을 받지 아니하고 주거용으로 사용하는 면적이 전체 건축물 면적의 100분의 50 이상인 경우에는 그 건축물 전체를 주택으로 보지 아니하고, 그 부속토지는 종합합산과세대상 토지로 본다.

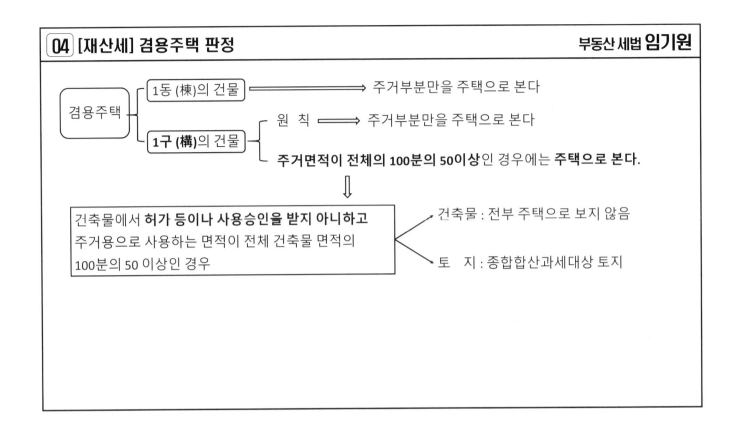

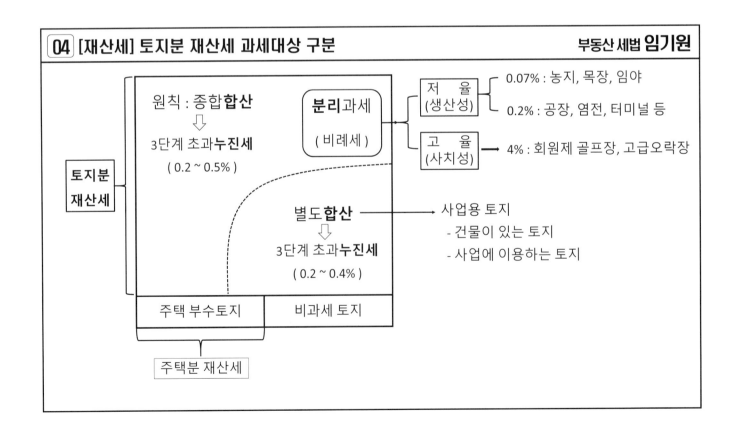

1. 농지 (논, 밭, 과수원)

구　　분				과세대상	
개 인	영농 X			종합합산	3단계 누진세
	영농 ○	군 지역		분리과세	비례세(0.07%)
		특별시 광역시 시지역	도시지역 밖		
			도시지역 안 — 개발제한구역·녹지지역		
			그 외의 지역 (주거·상업·공업)	종합합산	3단계 누진세
법 인 및 단 체	대부분 (농산물가공업을 주업으로 하는 법인 등)			종합합산	3단계 누진세
	• 「농지법」에 따른 **농업법인**이 소유한 농지 • 한국**농어촌공사**가 소유한 농지 • 사회복지사업자가 **복지에 사용**하기 위해 소유한 농지 • **매립·간척**으로 취득한 농지 + 실제 영농에 사용 • **종중**이 소유한 농지			분리과세	비례세(0.07%)

04 [재산세] 0.07% [저율]분리과세대상 토지 : 농지, 목장용지, 특정임야 　　　부동산 세법 **임기원**

2. 목장용지 (개인 · 법인 관계없이)

구　　분				과세대상	
축산용 X				종합합산	3단계 누진세
축산용 ○	군 지역		기준면적	• 이내 : 분리과세	비례세(0.07%)
	특별시 광역시 시지역	도시지역 밖		• **초과 : 종합합산**	**3단계 누진세**
		도시지역 안 — 개발제한구역·녹지지역			
		그 외의 지역 (주거·상업·공업)		종합합산	3단계 누진세

3. 임야

구 분		과세대상	
대부분		종합합산	3단계 누진세
스키장 및 골프장용 토지 중 원형이 보전되는 임야		별도합산	3단계 누진세
산림 보호육성	• 「문화유산의 보존 및 활용에 관한 법률」 + 지정문화유산 안의 임야 • 「자연유산의 보존 및 활용에 관한 법률」 + 천연기념물 등 안의 임야 • 「자연공원법」 + 공원자연**환경**지구의 임야 • 「개발제한구역의 지정 및 관리 특별법」 + 개발제한구역의 임야 • 「군사시설보호법」 + **제한**보호구역의 임야 • 「도로법」 + 접도구역의 임야 • 「철도안전법」 + 철도보호구역의 임야 • 「하천법」 + 홍수지역관리구역의 임야 등	분리과세	비례세 (0.07%)
종중임야	• 90.5.31 이전부터 소유하는 **종중**이 소유한 임야		

1. 공장용 건축물의 부속토지

구 분		토지 판단		과세대상	
군 지역		공장용지	기준면적	• 이내 : 분리과세	비례세(0.2%)
특별시 광역시 시 지역	공업지역, 산업단지			• **초과 : 종합합산**	3단계 누진세
	그 외의 지역 (주거지역, 상업지역)	사업용 토지로 간주	기준면적	• **이내 : 별도합산**	3단계 누진세
				• **초과 : 종합합산**	3단계 누진세

2. 정책적 토지

구　　분	과세대상	
• **국방상의 목적** 외에는 사용 및 처분 제한하는 공장 구내의 토지 • 과세기준일 현재 계속 **염전**으로 실제 사용하고 있거나 계속 염전으로 사용하다가 사용을 폐지한 토지(단, 염전 사용을 폐지한 후 다른 용도로 사용하는 토지는 제외) • 「여객자동차 운수사업법」 등에 따라 면허 또는 인가를 받은 자가 계속하여 사용하는 여객자동차**터미널** 및 물류터미널용 토지 • 「부동산투자회사법」에 따른 공모부동산투자회사가 목적사업에 사용하기 위하여 소유하고 있는 토지 • 「주택법」에 따라 주택건설사업자 등록을 한 주택건설사업자가 주택을 건설하기 위하여 사업계획의 승인을 받은 토지로서 주택건설사업에 제공되고 있는 토지 • 그 외 공익목적사업에 이용하는 토지	분리과세	비례세(0.2%)

구　분	과세대상	
• 회원제 골프장용 토지 • 고급 오락장용 토지	분리과세	비례세율 (4%)

취득세		구 분	재산세		
판 단	세　　율		세　　율		판 단
사치성 재　산	중과세율 (100분의 400을 합한 세율)	회원제 **골프장**	표준세율	**비례세율 (4%)**	사치성 재　산
		고 급 **오락장**	표준세율	**비례세율 (4%)**	
		고 급 **선** 박	표준세율	**비례세율 (5%)**	
		고 급 **주** 택	표준세율	4단계 초과누진세 (0.1~0.4%)	일반주택으로 간주

1. 건축물이 있는 토지 ← 주거용 토지 및 분리과세대상 토지는 제외

구 분	과세대상		
① 일반 건축물이 있는 부수토지	* 기준면적	이내 : 별도합산	3단계 누진세
		초과 : 종합합산	**3단계 누진세**
② 건축물 시가표준액이 부속토지의 시가표준액의 **100분의 2에 미달**하는 건축물의 부수토지	바닥면적	별도합산	3단계 누진세
	바닥면적 외 부분	**종합합산**	**3단계 누진세**
③ **허가받지 아니한** 또는 **승인받지 아니한** 건축물 부수토지		**종합합산**	**3단계 누진세**

* 기준면적 : 건축물 바닥면적 X 용도지역별 적용배율 (3배, 4배, 5배, 7배)

2. 사업에 이용하는 토지

- 「여객자동차 운수사업법」 + **차고용 토지**
- 「도로교통법」 + **자동차운전학원**용 토지
- 「도로교통법」 + **견인차를 보관**하는 토지
- 「체육시설의 설치·이용에 관한 법률」에 따른 **스키장 및 골프장**용 토지 중 원형이 보전되는 임야
- 「장사등에 관한 법률」에 따른 설치·허가를 받은 **법인묘지**용 토지로서 지적공부상 지목이 묘지인 토지
- 「주차장법」시행령 + 부설**주차장** 설치기준면적 이내의 토지
- 박물관, 미술관, 동물원, 식물원의 야외전시장용 토지
- 기타 대통령령으로 정하는 토지

여객자동차운수사업법	과세대상
여객**터미널**용 토지	분리과세 (0.2%)
차고용 토지	별도합산

임야	과세대상
일반 임야	종합합산
스키장 · 골프장용 임야	별도합산
공익 및 종중 임야	분리과세 (0.07%)

➤ 회원제 골프장 : 분리과세 (4%)

묘지	과세대상
일반묘지	비과세
법인묘지용 토지	별도합산

과세기준일 현재 납세의무자가 소유하고 있는 토지 중 **별도합산과세대상 또는 분리과세대상이 되는 토지를 제외한 토지**를 말한다.

- 기준면적 **초과**한 토지

- **허가받지 아니한** 또는 **승인받지 아니한** 건축물 부속토지

- 허가 등이나 사용승인을 **받지 아니하고** 주거용으로 사용하는 면적이 전체 건축물 면적의 100분의 50 이상인 겸용주택 부속토지

- 건축물 시가표준액이 부속토지의 시가표준액의 **100분의 2에 미달**하는 건축물의 부수토지 중 해당 건축물의 **바닥면적을 제외**한 부속토지

- **영농에 사용하지 않는** 개인 농지

- **법인 소유**의 **농지**로서 특정한 경우를 제외한 농지

- **주거**지역 · **상업**지역 · **공업**지역 내 **농지 및 목장용지**

토지 구분	표준세율		종　　　류
분리과세대상 토지 (토지별 과세)	0.07%	저 율	• **농지, 목장용지, 특정임야**
	0.2%	저 율	• 군 지역 · 공업지역 · 산업단지 + **공장**용지 • **염전, 터미널** 등
	4%	고 율	• **사치성** 재산 (회원제 골프장, 고급오락장)
별도합산과세대상 토지 (소유자별 과세)	3단계 초과누진세율 (0.2 ~ 0.4%)		• 일반 건축물이 있는 토지 • 주거지역 · 상업지역 + 공장 부수토지 • 사업용 토지 　- 차고용 토지, 자동차운전학원용 토지, 법인묘지 　- 골프장 및 스키장용 임야 등
종합합산과세대상 토지 (소유자별 과세)	3단계 초과누진세율 (0.2 ~ 0.5%)		• 분리과세토지 및 별도합산토지를 제외한 나머지 토지 ✓ 법령이 정하는 기준면적을 초과한 부분 ✓ 허가 받지 아니한 또는 승인 받지 아니한 건축물 부수토지 ✓ 허가 등을 받지 아니하고 100분의 50 이상 주거용으로 사용하는 겸용주택 부수토지 ✓ 100분의 2에 미달 + 건축물 바닥면적을 제외한 토지

1. 원칙 : 사실상 소유자

재산세 **과세기준일 현재** 재산을 **사실상 소유하고 있는 자**는 재산세를 납부할 의무가 있다.

• 사실상 소유자와 공부상 소유자가 다른 경우 : 사실상 소유자 • 사실상 소유자와 사용자가 다른 경우 : 사실상 소유자	• 6.1 이전에 소유권 이전 : 매수자 • 6.1 에 소유권 이전 : 매수자 • 6.1 이후에 소유권 이전 : 매도자

2. 공유재산 : 지분권자

① **공유**재산인 경우에는 그 지분에 해당하는 부분에 대하여 그 **지분권자**를 납세의무자로 한다.

② **지분의 표시가 없는** 경우에는 지분이 **균등**한 것으로 본다.

---

3. 주택의 건물과 부수토지의 소유자가 다를 경우 : 그 소유자

주택의 **건물과 부속토지의 소유자가 다를 경우**에는 그 주택에 대한 **산출세액**을 건축물과 그 부속토지의 **시가표준액 비율로 안분**계산(按分計算)한 부분에 대해서는 **그 소유자**를 납세의무자로 본다.

4. 수탁자 명의로 등록된 신탁재산 : 위탁자

① 「신탁법」 제2조에 따른 **수탁자의 명의로 등기 또는 등록된 신탁재산**의 경우에는 같은 조에 따른
　위탁자(「주택법」 제2조제11호에 따른 지역주택조합 및 직장주택조합이 조합원이 납부한 금전으로 매수하여
　소유하고 있는 신탁재산의 경우에는 해당 지역주택조합 및 직장주택조합을 말한다)를 납세의무자로 본다.

② 이 경우 위탁자가 신탁재산을 소유한 것으로 본다.

---

① 신탁재산의 **위탁자가** 재산세·가산금 또는 체납처분비을 **체납한 경우**로서 그 위탁자의 다른 재산에
　대하여 체납처분을 하여도 **징수할 금액에 미치지 못할 때**에는 해당 신탁재산의 **수탁자**는 그
　신탁**재산으로써** 위탁자의 재산세등을 **납부할 의무가 있다.**

② 수탁자로부터 납세의무자의 재산세등을 징수하려는 지방자치단체의 장은 납부통지서를 수탁자에게
　고지하여야 한다.

③ **수탁자에게 고지가 있은 후** 납세의무자인 위탁자가 신탁의 이익을 받을 권리를 포기 또는 이전하거나
　신탁재산을 양도하는 등의 경우에도 **고지된 부분에 대한 납세의무에는 영향을 미치지 아니한다.**

④ 신탁재산의 수탁자가 변경되는 경우에 새로운 수탁자는 이전의 수탁자에게 고지된 납세의무를 승계한다.

⑤ 신탁재산에 대하여 「지방세징수법」에 따라 체납처분을 하는 경우 「지방세기본법」 제71조제1항에도
　불구하고 수탁자는 「신탁법」 제48조제1항에 따른 신탁재산의 보존 및 개량을 위하여 지출한 **필요비 또는
　유익비의 우선변제를 받을 권리가 있다.**

5. 신고하지 아니한 경우 : 공부상 소유자

> 1) 사실상 소유자와 공부상 소유자가 다른 경우 : 사실상 소유자
>
> 2) 단, 이를 **신고하지 아니하여** 사실상 소유자를 알 수 없는 경우 : **공부상** 소유자

① 공부상의 소유자가 매매 등의 사유로 소유권이 변동되었는데도 **신고하지 아니하여** 사실상의 소유자를 알 수 없는 때에는 **공부상 소유자**를 납세의무자로 본다.

② 공부상의 개인 등의 명의로 등재되어 있는 사실상의 종중재산으로서 종중소유임을 **신고하지 아니하였을 때**에는 **공부상의 소유자**를 납세의무자로 본다.

6. 파산재단에 속하는 재산 : 공부상 소유자

「채무자 회생 및 파산에 관한 법률」에 따른 파산선고 이후 **파산종결의 결정까지 파산재단에 속하는 재산**의 경우 **공부상 소유자**는 재산세를 납부할 의무가 있다.

---

7. 상속 + 등기하지 아니하고 신고하지 아니한 경우 : 주된 상속자

① **상속**이 개시된 재산으로서 상속**등기가 이행되지 아니하고** 사실상의 소유자를 **신고하지 아니하였을** 때에는 **주된 상속자**를 납세의무자로 본다.

② 이 경우 "주된 상속자"란 민법상 상속지분이 가장 높은 사람으로 하되, 상속지분이 가장 높은 사람이 두 명 이상이면 그 중 나이가 가장 많은 사람으로 한다

상 속	• 취득세		상속인 **각자**
	• 재산세	원칙	사실상 소유자
		등기하지 아니하고 + **신고**하지 아니한 때	**주된** 상속자

8. 소유권의 귀속이 분명하지 아니한 경우 : 사용자

> 1) 사실상 소유자와 사용자가 다른 경우 : 사실상 소유자
>
> 2) 단, 소유권의 **귀속이 분명하지 아니하여** 사실상 소유자를 확인할 수 없는 경우 : **사용자**

재산세 과세기준일 현재 소유권의 **귀속이 분명하지 아니하여** 사실상의 소유자를 확인할 수 없는 경우에는 그 **사용자**가 재산세를 납부할 의무가 있다.

9. 국가 등 + 연부 또는 선수금 + 무상 : 매수계약자 (무상으로 받은 자)

① **국가 · 지방자치단체 · 지방자치단체조합**과 재산세 과세대상 재산을 **연부(年賦)**로 매매계약을 체결하고 그 재산의 사용권을 **무상**으로 받은 경우에는 **그 매수계약자**를 납세의무자로 본다.

② **국가 · 지방자치단체 · 지방자치단체조합**이 **선수금**을 받아 조성하는 매매용 토지로서 사실상 조성이 완료된 토지의 사용권을 **무상**으로 **받은 자**가 있는 경우에는 그 자를 매수계약자로 본다.

연 부	원칙	사실상 소유자 (매도계약자)
선수금	**국가 등** + 사용권 **무상**	**매수계약자 (무상으로 받은 자)**

10. 체비지 및 보류지 : 사업시행자

「도시개발법」에 따라 시행하는 환지방식에 의한 도시개발사업 및 「도시 및 주거환경정비법」에 따른 정비사업의 시행에 따른 환지계획에서 일정한 토지를 환지로 정하지 아니하고 **체비지 또는 보류지**로 정한 경우에는 **사업시행자**를 납세의무자로 한다.

11. 수입하는 경우 : 수입하는 자

외국인 소유의 항공기 또는 선박을 임차하여 **수입**하는 경우에는 그 **수입하는 자**를 납세의무자로 본다.

구　　　　　분	납세의무자 (연대납세의무 없음)
• 원　　　칙	사실상 소유자
• **공유**재산	**지분권자** (지분표시가 없는 경우 지분은 **균등** 간주)
• **주택**의 건물과 부속토지의 **소유자가 다른 경우**	**그 소유자** (시가표준액 비율로 안분)
• 수탁자 명의로 등기된 **신탁재산**	**위탁자** (단, 수탁자는 물적납세의무)
• 신고하지 아니하여 ~~~~ • 파산재단에 속하는 재산	**공부상** 소유자
• **상속** + 등기하지 아니하고 신고하지 아니한 때	**주된** 상속자 (① 상속지분이 큰 자 ② 연장자)
• 소유권 귀속이 분명하지 아니하여 ~~~~	**사용자**
• **국가** 등 + 연부 또는 선수금 + 사용권 **무상**	**매수계약자** (= 무상으로 받은 자)
• 체비지 또는 보류지	**사업시행자**
• 수입	**수입하는 자**

다음 어느 하나에 해당하는 자는 **과세기준일부터 15일 이내**에 그 소재지를 관할하는 지방자치단체의 장에게 그 사실을 알 수 있는 증거자료를 갖추어 **신고하여야 한다.**

1. 재산의 소유권 변동 또는 과세대상 재산의 변동 사유가 발생하였으나 과세기준일까지 그 등기 · 등록이 되지 아니한 재산의 **공부상 소유자**

2. 상속이 개시된 재산으로서 상속등기가 되지 아니한 경우에는 제107조 제2항 제2호에 따른 **주된 상속자**

3. 사실상 종중재산으로서 공부상에는 개인 명의로 등재되어 있는 재산의 **공부상 소유자**

4. 수탁자 명의로 등기 · 등록된 신탁재산의 **수탁자**

5. 1세대가 둘 이상의 주택을 소유하고 있음에도 불구하고 「지방세법」 제111소의2 제1항(**1세대 1주택에 대한 주택 세율 특례**)에 따른 세율을 적용받으려는 경우에는 그 세대원

6. 공부상 등재현황과 사실상의 현황이 다르거나 사실상의 현황이 변경된 경우에는 해당 재산의 사실상 소유자

과세표준 ⟹ 시가표준액 x 공정시장가액비율 ／ 시가표준액

X 세　율 ┤ • 표준세율
　　　　　　 • 중과세율
─────────

= **산출세액**

- **감면세액**

- **기납부세액**

+ **가산세**
─────────

= **납부할 세액** ⟹ 원칙 : 보통징수(고지서)

과세대상		과세표준
토 지		**시가표준액** X 공정시장가액비율 (100분의 70)
주 택	일반적인 경우	**시가표준액** X 공정시장가액비율 (100분의 60)
	1세대 1주택 + 9억원 이하	**시가표준액** X 공정시장가액비율 (100분의 43 / 100분의 44 / 100분의 45)
건축물		**시가표준액** X 공정시장가액비율 (100분의 70)
선 박		**시가표준액**
항공기		**시가표준액**

토 지	• 100분의 50에서 100분의 90 범위 ------- 현행 100분의 70
주 택	• 일반적인 경우 : 100분의 40에서 100분의 80 범위 ---- 현행 100분의 60 • 1세대 1주택 + 9억원 이하 : 100분의 30에서 100분의 70 범위 　　　　* 3억원 이하(100분의 43), 6억원 이하(100분의 44), 6억원 초과(100분의 45)
건축물	100분의 50에서 100분의 90 범위 ------- 현행 100분의 70

주택의 과세표준이 과세표준상한액보다 큰 경우에는 해당 주택의 과세표준은 과세표준상한액으로 한다.

> 과세표준 상한액 = A + B
> A : 직전 연도 해당 주택의 과세표준 상당액
> B : 과세기준일 당시 시가표준액으로 산정한 과세표준 X 과세표준 상한율

취득세	등록면허세	재산세

1. 일반적인 경우 : 취득당시 가액
  ① 사실상 취득가격
  ② 시가인정액
  ③ 시가표준액
 	
2. 연부취득 : 연부금액
  (매회 사실상 지급하는 금액)
	1. 일반적인 경우 : 등록당시 가액
	  ① 신고가액
	  ② 시가표준액
	
	2. 취득원인 등기 : 취득당시 가액
	  ① 사실상 취득가격
	  ② 시가인정액
	  ③ 시가표준액
		과세기준일 현재 재산가액
		⇒ 시가표준액 X 공정시장가액비율
		↓
		토지, 주택, 건축물에 한한다.
		① 토지, 건축물 : 100분의 70
		② 주택 : 100분의 60

- 감가상각 또는 자산재평가로 가액이 변경된 경우에는 그 변경된 가액으로 한다.
- 취득세 부과제척기간이 경과한 취득물건의 등기 또는 등록은 취득당시 가액과 등록당시 가액 중 높은 가액으로 한다.

과세표준	과세대상	표준세율 (±50%) ⇒ 가감한 세율은 해당 연도에만 적용한다.			
시가표준액×70%	토 지	분리과세대상 토지 (토지별 과세)	농지, 목장, 임야	비례세율	0.07%
			공장, 염전, 터미널 등	비례세율	0.2%
			사치성 (골, 오)	비례세율	4%
		별도합산과세대상 토지		3단계 초과누진세율	0.2~0.4%
		종합합산과세대상 토지		3단계 초과누진세율	0.2~0.5%
시가표준액×60% (1주택 : 43%/ 44%/ 45%)	주 택	일반적인 경우 (고급주택 포함)		4단계 초과누진세율	0.1~0.4%
		1세대 1주택 + 시가표준액 9억원 이하		4단계 초과누진세율	0.05~0.35%
시가표준액×70%	건축물	일반 건축물		비례세율	0.25%
		주거지역·상업지역 + 공장 건축물		비례세율	0.5%
		사치성 (회원제 골프장, 고급 오락장)		비례세율	4%
시가표준액	선 박	일반선박		비례세율	0.3%
		사치성 (고급 선박)		비례세율	5%
시가표준액	항공기			비례세율	0.3%

원칙 : 표준세율(±50%)
- 비례세율 ── • **0.07%**, 0.2%, 0.25%, 0.3%, 0.5%, **4%, 5%**
- 초과누진세율 ──
  - • **합산과세**대상 **토지** : 3단계 초과누진세율 (0.2 ~ 0.4% / 0.2 ~ 0.5%)
  - • **주택** : 4단계 초과누진세율 (0.1 ~ 0.4% / 0.05 ~ 0.35%)

- • 지방자치단체의 장은 조례로 정하는 바에 따라 표준세율의 **100분의 50 범위에서 가감**할 수 있다. 다만, **가감한 세율은 해당 연도에만 적용**한다.

예외 : 중과세율

과밀억제권역에서 **공장** 신설 · 증설에 해당하는 경우 그 **건축물**에 대한 재산세의 세율은 최초의 과세기준일부터 5년간 표준세율의 **100분의 500**에 해당하는 세율을 적용한다.

	취득세	등록면허세	재산세
원칙	표준세율(±50%) [- **기준**세율] ① 비례세율(정률세) * 2.3%, 2.8%, 3%, 3.5%, 4% * 유상+주택 : 1%......3% ② -	표준세율(±50%) ① 비례세율(정률세, **정액세**) * 0.2%, 0.8%, 1.5%, 2%, **6천원** * 유상+주택 : 취득세율의 50% ② -	표준세율(±50%) ⇒ 해당연도에만 적용 ① 비례세율 (정률세) * 0.07%, 0.2%, 0.25%, 0.3%, 0.5%, 4%, 5% ② 초과**누진세율** (정률세) * 토지 : 3단계 (별도 0.2~0.4% / 종합 0.2~0.5%) * 주택 : 4단계 (0.1~0.4% / 1주택 0.05~0.35%)
특례	중과**기준**세율 : 2%	-	-
예외	중과세율 ㉠ 과밀 + 법인·공장 : 3배 ㉡ 사치성 : 5배 ㉢ 주택 : 3배 또는 5배	중과세율 ㉠ 대도시 + 법인등기 : 3배 ㉡ - ㉢ -	중과세율 ㉠ 과밀 + 공장 + 건축물 : 5배 ㉡ - ㉢ -

구 분	세율 적용
분리과세대상 토지 (물 세)	• 분리과세대상이 되는 **해당 토지의 가액**을 과세표준으로 하여 해당 **세율을 적용**한다.
별도**합산**과세대상 **토지** (인 세)	• **납세의무자가 소유하고 있는** 해당 지방자치단체 관할구역에 있는 별도합산과세대상이 되는 **토지의 가액을 모두 합한** 금액을 과세표준으로 하여 해당 **세율을 적용**한다
종합**합산**과세대상 **토지** (인 세)	• **납세의무자가 소유하고 있는** 해당 지방자치단체 관할구역에 있는 종합합산과세대상이 되는 **토지의 가액을 모두 합한** 금액을 과세표준으로 하여 해당 **세율을 적용**한다.

구 분	세율 적용
주 택	• **주택**에 대한 재산세는 **주택별로 세율을 적용**한다. 즉, 납세의무자가 2이상의 주택을 소유하더라도 이를 합산하지 아니하고 주택별로 **세율**을 **적용**한다. • **주택**을 2명 이상의 공동으로 소유하거나 주택의 건물과 부속토지의 소유자가 다를 경우 해당 주택에 대한 세율을 적용할 때 해당 주택의 **토지와 건물의 가액을 합산**한 과세표준에 해당 **세율**을 **적용**한다.

[납세의무자 판단]

주택의 건물과 부속토지의 소유자가 다를 경우에는 그 주택에 대한 산출**세액**을 건축물과 그 부속토지의 **시가표준액 비율로 안분**계산한 부분에 대해서는 **그 소유자**를 **납세의무자**로 본다.

구분		시가표준액	과세표준	세율
주택	일반적인 경우	-	시가표준액 X 60%	표준세율 : 4단계 누진세 (0.1~0.4%)
	1세대 1주택	9억원 초과	시가표준액 X **45%**	표준세율 : 4단계 누진세 (0.1~0.4%)
		9억원 이하	시가표준액 X 43% / 44% / 45%	표준세율 : 4단계 누진세 (0.1~0.4%) **특례세율 : 4단계 누진세 (0.05~0.35%)**

① 대통령령으로 정하는 1세대 **1주택** (제4조제1항에 따른 **시가표준액이 9억원 이하**인 주택에 한정한다) 에 대해서는 4단계 초과누진세율 (0.05 ~ 0.35%)을 적용한다.

② 1세대 1주택의 해당여부를 판단할 때 「신탁법」에 따라 신탁된 주택은 위탁자의 주택 수에 가산한다.

③ 지방자치단체의 장이 조례로 정하는 바에 따라 가감한 세율을 적용한 세액이 특례세율(0.05~0.35%)을 적용한 세액보다 적은 경우에는 특례세율(0.05~0.35%)을 적용하지 아니한다.

④ 「지방세특례제한법」에도 불구하고 동일한 주택이 특례세율을 적용하는 경우와 「지방세특례제한법」에 따른 재산세 경감 규정(같은 법 제92조의2에 따른 자동이체 등 납부에 대한 세액공제는 제외한다)의 적용 대상이 되는 경우에는 중복하여 적용하지 아니하고 둘 중 경감 효과가 큰 것 하나만을 적용한다.

과세표준 X 세율 = 산출세액 ⟶ 납부세액 ⇨ 결정 ⇒ 고지(보통징수)

(포함)

세부담 상한

재산세 도시지역분

지방자치단체의 장은 **도시지역 중 토지, 건축물 또는 주택**에 대해서는 조례가 정하는 바에 따라 ①에 따른 세액에 ②에 따른 세액을 합산하여 산출한 세액을 재산세액으로 부과할 수 있다.

① 재산세 과세표준 X 재산세 세율
② 재산세 과세표준 X 1천분의 1.4

	세부담 상한
토 지	100분의 150
주 택	X
건축물	100분의 150
선 박	X
항공기	X

```
┌─────────────────────────┐        원칙 : 보통징수(고지서)      ╭──────────────────────────────╮
│      납세의무자          │ ◄─────────────────────────────    │  납세지 관할 지방자치단체      │
│ (6.1 현재 사실상 소유자) │              재산세                │              (시, 군, 구)      │
└─────────────────────────┘                                    ╰──────────────────────────────╯
```

1. 재산세는 관할 지방자치단체의 장이 세액을 산정하여 **보통징수**의 방법으로 징수한다.

2. 재산세를 징수하려면 늦어서 납기**개시 5일 전**까지 **발급**하여야 한다.

   ㉠ **토지**에 대한 재산세는 **한 장**의 납세고지서로 발급한다.

   ㉡ **토지 외**의 재산은 과세대상 물건마다 **각각** 한 장의 납세고지서로 발급하거나 물건의 종류별로 한 장의 고지서로 발급할 수 있다.

과세대상	납세지
토 지	토 지 소재지
주 택	주 택 소재지
건축물	건축물 소재지
선 박	선적항 소재지
항공기	정치장 소재지

과세대상	고지서상 납부기간		비고
토 지	-	**9월 (16일 ~ 30일)**	-
주 택	세액의 1/2	7월 (16일 ~ 31일)	단, **20만원 이하**인 경우
	나머지 1/2	**9월 (16일 ~ 30일)**	- 7월에 한꺼번에 징수
건축물			
선 박	-	7월 (16일 ~ 31일)	-
항공기			

수시부과

- 지방자치단체의 장은 과세대상의 누락·위법 또는 착오 등으로 인하여 이미 부과한 세액을 변경하거나 **수시부과** 할 사유가 발생하면 수시로 부과·징수 **할 수 있다.**
- 제척기간 : 납세의무성립일부터 5년 (사기나 부정은 10년)

과세표준	구 분	표준세율 (± 50%) – 해당연도에만 적용		상 한	고지서상 납부기간	
시가표준액 X 70% (공시지가)	토 지	분리과세	비례세 (0.07%, 0.2%, 4%)	150%	9월 (16~30일)	
		별도합산	**3단계 누진세 (0.2~0.4%)**			
		종합합산	**3단계 누진세 (0.2~0.5%)**			
시가표준액 X 60% **(주택가격)**	주 택	(고급주택 포함)	**4단계 누진세 (0.1~0.4%)** * 단, 1주택 : 0.05~0.35%	½ : 7월 ½ : 9월	**20만원 이하인 경우** **7월에 한꺼번에 징수**	
시가표준액 X 70%	건축물	일반 건축물	비례세 (0.25%)	150%	7월 (16~31일)	
		공장 건축물 (주거, 상업)	비례세 (0.5%)			
		회원제 골프장 고급 오락장	비례세 (4%)			
시가표준액	선 박	일반 선박	비례세 (0.3%)	-		
		고급 선박	비례세 (5%)			
시가표준액	항공기		비례세 (0.3%)	-		

04 [재산세] 지역자원시설세 / 지방교육세   부동산 세법 **임기원**

세 목	특 징	소액징수면제	분할납부	물 납
재 산 세 (도시지역 분)	독립세, 보통세, **지방세**	세액이 2천원 미만	• 250만원 초과 • **3개월** 이내	• 1천만원 초과 • 관할 내 부동산
지역자원시설세	독립세, **목적세, 지방세**	세액이 2천원 미만	가능	-
지 방 교 육 세	**부가세, 목적세, 지방세**	-	가능	-

[**지역자원시설세**]

특정부동산에 대한 지역자원시설세의 납기와 **재산세의 납기가 같을 때**에는 재산세의 **납세고지서에 나란히 적어 고지**할 수 있다.

[**지방교육세**]

재산세가 과세되는 경우 그 재산세액(**도시지역분은 제외**)의 **100분의 20**에 해당하는 금액을 재산세에 **부가**한다.

소액 징수면제	고지서 1장당 재산세로 징수할 **세액**이 **2천원 미만**인 경우에는 해당 재산세를 **징수하지 아니한다.**

세　목	종　류	
취　득　세	• **가액이 50만원 이하** ⇒ 과세하지 않음	**면세점**
등 록 면 허 세	• 세액이 6천원 미만 ⇒ 6천원 징수	최저세액
재　산　세	• **세액**이 **2천원 미만** ⇒ 징수하지 않음	**소액 징수면제**

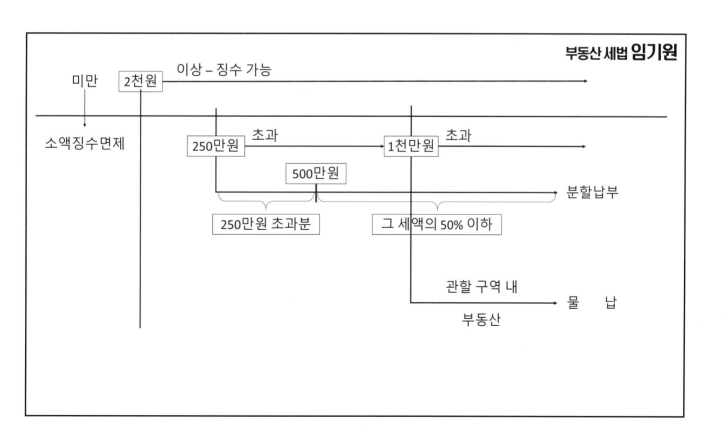

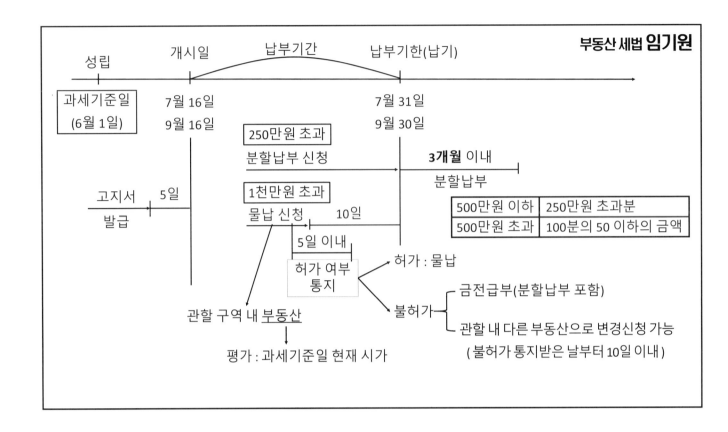

분할납부	물　　납
• 재산세액 (도시지역분 포함)이 **250만원 초과**	• 재산세액 (도시지역분 포함)이 **1천만원 초과**
• **납부기한까지** 신청	• 납부기한 **10일 전까지** 신청
	• 신청일로부터 5일 이내 허가여부 통지
	• 불허가 : 통지받은 날부터 10일 이내에 관할구역 내의 다른 부동산으로 변경 신청가능
<분할납부 기간> • 납부기한이 지난 날부터 **3개월**	• **관할 구역 내의 부동산**에 한함 • **과세기준일 현재의 시가**로 평가
	• 납부기한 내에 납부한 것으로 본다.

납부할 세액	분할납부 가능금액
500만원 이하	250만원 초과분
500만원 초과	그 세액의 100분의 50 이하

1) 지방자치단체의 장은 다음의 요건을 모두 충족하는 납세의무자가 1세대 1주택(**시가표준액이 9억원을 초과하는 주택을 포함한다**)의 재산세액의 납부유예를 그 납부기한 **만료 3일 전까지 신청**하는 경우 이를 허가할 수 있다. 이 경우 납부유예를 신청한 납세의무자는 그 유예할 주택 재산세에 상당하는 담보를 제공하여야 한다.

- 과세기준일 현재 **1세대 1주택**의 소유자일 것
- 과세기준일 현재 **만 60세 이상**이거나 해당 주택을 **5년 이상 보유**하고 있을 것
- 직전 과세기간의 총급여액이 7천만원 이하이거나 종합소득과세표준에 합산되는 종합소득금액이 6천만원 이하일 것
- 해당 연도에 납부유예 대상 주택에 대한 재산세의 납부세액이 **100만원을 초과**할 것
- 지방세, 국세 체납이 없을 것

2) 지방자치단체의 장은 납부유예 신청을 받은 경우 납부기한 만료일까지 대통령령으로 정하는 바에 따라 납세의무자에게 납부유예 허가 여부를 통지하여야 한다.

구 분	납부유예	분할납부	물 납
	100만원 초과	250만원 초과	1천만원 초과
	납부기한 만료 **3일 전**까지 신청	납부기한까지 신청	납부기한 **10일 전**까지 신청
	-	납기 +**3개월**	관할구역 내 부동산
1세대 1주택			
그 외(토지, 주택, 건축물, 선박, 항공기)			

1. 국가 등이 소유한 재산

① **국가 · 지방자치단체 · 지방자치단체조합 · 외국정부 및 주한국제기구**의 소유에 속하는 재산에 대해서는 재산세를 **부과하지 아니한다.**

② 다만, 다음의 경우에는 재산세를 **부과한다.**

　a. 대한민국 정부기관에 대하여 **과세하는 외국정부**의 재산

　b. **국가 등**과 재산세 과세대상물건을 연부로 매매계약을 체결하고 그 재산의 사용권을 **무상**으로 부여받은 **경우** 그 매수계약자

2. 국가 등이 사용하는 재산

① 국가 · 지방자치단체 또는 지방자치단체조합이 **1년 이상 공용 또는 공공용**으로 사용하는 재산에 대해서는 재산세를 **부과하지 아니한다.**

② 다만, 다음의 경우에는 재산세를 **부과한다.**

　a. **유료**로 사용하는 경우

　b. 소유권의 **유상**이전을 약정한 경우로서 그 재산을 취득하기 전에 미리 사용하는 경우

3. 임시건축물 및 철거명령 건축물

(1) 다음에 해당하는 건축물에 대해서는 재산세를 부과하지 아니한다.

① **임시**로 사용하기 위하여 건축된 **건축물**로서 재산세 과세기준일 현재 **1년 미만**의 것

② 재산세를 부과하는 해당 연도에 철거하기로 계획이 확정되어 재산세 과세기준일 현재 행정관청으로부터 **철거명령**을 받았거나 철거보상계약이 체결된 **건축물 또는 주택**(「건축법」에 따른 **건축물 부분으로 한정**한다)

(2) 다만, 다음의 경우에는 재산세를 부과한다.

① 해당 건축물에 딸린 부수토지

② 취득세가 중과되는 사치성 재산에 해당하는 경우

③ 법령이 정하는 수익사업에 사용하는 경우

④ 해당 재산의 일부가 그 목적에 직접 사용되지 아니하는 경우

4. 법령이 정하는 도로 · 하천 · 제방 · 구거 · 유지 및 묘지

(1) 다음의 재산에 대해서는 재산세를 부과하지 아니한다.

① 도로 : 「도로법」에 따른 도로(도로의 부속물 중 도로관리시설, 휴게시설, 주유소, 충전소, 교통·관광안내소 및 도로에 연접하여 설치한 연구시설은 제외한다)와 그 밖의 일반인의 자유로운 통행에 제공할 목적으로 개설한 사설도로. 다만, 대지 안의 공지는 제외한다.

② 하천 : 「하천법」에 따른 하천과 「소하천정비법」에 따른 소하천

③ 제방 : 「공간정보의 구축 및 관리 등에 관한 법률」에 따른 제방. 다만, 특정인이 전용하는 제방은 제외한다.

④ 구거 : 농업용 구거와 자연유수의 배수처리에 제공하는 구거

⑤ 유지 : 농업용 및 발전용에 제공하는 댐·저수지·소류지와 자연적으로 형성된 호수·늪

⑥ 묘지 : 무덤과 이에 접속된 부속시설물의 부지로 사용되는 토지로서 지적공부상 지목이 묘지인 토지

묘 지	취 득 세	
	등록면허세	
	재 산 세	

5. 산림보호 및 공익상 토지

「산림보호법」 제7조에 따른 산림보호구역, 그 밖에 공익상 재산세를 부과하지 아니할 타당한 이유가 있는 것으로서 대통령령으로 정하는 다음의 토지는 재산세를 부과하지 아니한다.

① 「군사기지 및 군사시설 보호법」에 따른 군사기지 및 군사시설 보호구역 중 **통제**보호구역에 있는 토지. **다만, 전·답·과수원 및 대지는 제외한다.**

② 「자연공원법」에 따른 공원자연**보존**지구 안의 임야

③ 「산림보호법」에 따라 지정된 산림보호구역 및 「산림자원의 조성 및 관리에 관한 법률」에 따라 지정된 **채종림·시험림**

④ 「백두대간 보호에 관한 법률」에 따라 지정된 **백두대간**보호지역의 임야

군사시설 보호구역	제한보호구역 임야		**과 세 (분리과세)**
	통제보호구역 토지	전·답·과수원 및 대지	과 세
		그 외 토지	비과세
자연공원법	공원자연**환경**지구 임야		**과 세 (분리과세)**
	공원자연**보존**지구 임야		비과세

6. 선박

비상재해구조용, 무료도선용, 선교(船橋) 구성용 및 본선에 속하는 전마용(傳馬用) 등으로 사용하는 **선박**에 대하여는 재산세를 부과하지 아니한다.

	비과세	과세
건축물	1. **임시**로 사용하기 위하여 건축된 **건축물**로서 재산세 과세기준일 현재 1년 미만의 것 2. 행정기관으로부터 **철거명령**을 받은 **건축물** 등 재산세를 부과하는 것이 적절하지 아니한 건축물 또는 주택(「건축법」 제2조제1항제2호에 따른 **건축물 부분으로 한정한다**)으로서 대통령령으로 정하는 것	• 사치성 재산 • 수익사업 • 해당 용도에 사용X
토　지	1. 대통령령으로 정하는 **도로・하천・제방・구거・유지 및 묘지** 2. 「산림보호법」 제7조에 따른 산림보호구역, 그 밖에 공익상 재산세를 부과하지 아니할 타당한 이유가 있는 것으로서 대통령령으로 정하는 토지	• 사치성 재산 • 수익사업 • 유료
선　박	1. **비상재해구조용**, 무료도선용, 선교(船橋) 구성용 및 본선에 속하는 전마용(傳馬用) 등으로 사용하는 **선박**	• 해당 용도에 사용X

종합부동산세

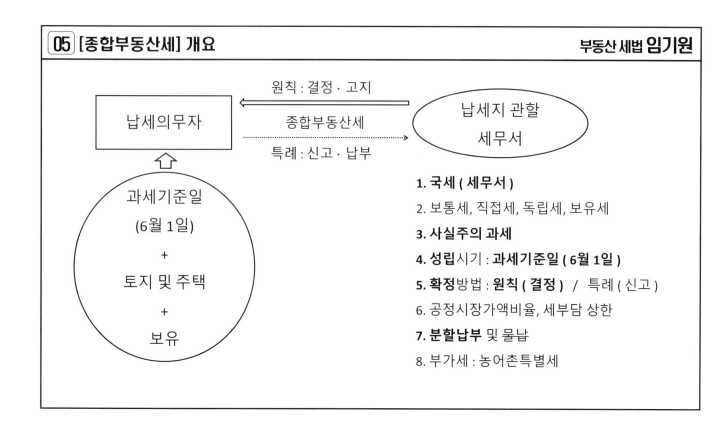

원칙 : 결정 · 고지
종합부동산세
특례 : 신고 · 납부

납세의무자 ← 납세지 관할 세무서

과세기준일
(6월 1일)
+
토지 및 주택
+
보유

1. **국세 (세무서)**
2. 보통세, 직접세, 독립세, 보유세
3. **사실주의 과세**
4. **성립**시기 : **과세기준일 (6월 1일)**
5. **확정**방법 : **원칙 (결정)** / 특례 (신고)
6. 공정시장가액비율, 세부담 상한
7. **분할납부** 및 물납
8. 부가세 : 농어촌특별세

6.1 현재 보유		1차 : 재산세 (시·군·구)			2차 : 종합부동산세 (세무서)				
토 지	분리과세 토지	물세	비례세	0.07% / 0.2% / 4%		X			
	별도합산 토지	인세	3단계 누진세	0.2~0.4%	인세	80억원 초과	3단계 누진세	0.5~0.7%	
	종합합산 토지	인세	3단계 누진세	0.2~0.5%	인세	5억원 초과	3단계 누진세	1~3%	
주 택 (고급주택 포함)		물세	4단계 누진세	0.1~0.4% 0.05~0.35%	인세	개인	9억원 초과 12억원 초과	7단계 누진세	0.5~2.7% 0.5~5%
						법인	0원 초과	비례세	2.7% 5%
건축물		물세	비례세	0.25% / 0.5% / 4%		X			
선 박		물세	비례세	0.3% / 5%		X			
항공기		물세	비례세	0.3%		X			

구 분		납세의무자
토 지	분리과세 토지	X
	별도합산 토지	• 과세기준일 현재 **토지분 재산세의 납세의무자**로서 국내에 소재하는 해당 과세대상토지의 **공시가격을 합한 금액**이 **80억원을 초과**하는 자는 종합부동산세를 납부할 의무가 있다.
	종합합산 토지	• 과세기준일 현재 **토지분 재산세의 납세의무자**로서 국내에 소재하는 해당 과세대상토지의 **공시가격을 합한 금액**이 **5억원을 초과**하는 자는 종합부동산세를 납부할 의무가 있다.
주 택 (고급주택 포함)		• 과세기준일 현재 **주택분 재산세의 납세의무자**는 종합부동산세를 납부할 의무가 있다.

구 분	토지분 종합부동산세		주택분 종합부동산세		
	개인·법인 구분없이		개 인		법 인
	별도합산 토지	종합합산 토지	일반적인 경우	**1세대1주택 공동명의1주택**	
공시가격합계	합계액	합계액	합계액	합계액	합계액
− 과세기준금액	80억원	5억원	9억원	12억원	0원
× 공정시장가액비율	100%	100%	60%	60%	60%
= 과세표준					
× 세 율	3단계 초과누진세 (0.5~0.7%)	3단계 초과누진세 (1~3%)	7단계 초과누진세 (0.5~2.7%) (0.5~5%)	7단계 초과누진세 (0.5~2.7%)	**비례세** (2.7%) (5%)
= 산출세액					
− 기납부세액	재산세로 부과된 세액	재산세로 부과된 세액	재산세로 부과된 세액	재산세로 부과된 세액	재산세로 부과된 세액
− 세액공제	-	-	-	*고령자(연령별) *장기보유	
= 납부세액					
세부담 상한	150%	150%	150%	150%	-

주 택		• 납세의무자별로 주택의 공시가격을 **합산**한 금액에서 **다음의 금액**을 공제한 금액에 **공정시장가액비율(60%)**을 곱한 금액으로 한다. ① 개인 　　ㄱ. 일반적인 경우 : **9억원** 　　ㄴ. 법령이 정하는 1세대 1주택자 : **12억원** ② 법인 또는 법인으로 보는 단체 : **0원**
토 지	별도 합산	• 납세의무자별로 해당 과세대상토지의 공시가격을 **합산**한 금액에서 **80억원을 공제**한 금액에 **공정시장가액비율(100%)을 곱한 금액**으로 한다.
	종합 합산	• 납세의무자별로 해당 과세대상토지의 공시가격을 **합산**한 금액에서 **5억원을 공제**한 금액에 **공정시장가액비율(100%)을 곱한 금액**으로 한다.

단, 그 금액이 영보다 작은 경우에는 영으로 본다.

1. 다음 어느 하나에 해당하는 주택은 과세표준 합산의 대상이 되는 주택의 범위에 포함되지 아니하는 것으로 본다.

   a. 「민간임대주택에 관한 특별법」에 따른 민간임대주택, 「공공주택 특별법」에 따른 공공임대주택 또는 대통령령으로 정하는 다가구 임대주택으로서 임대기간, 주택의 수, 가격, 규모 등을 고려하여 대통령령으로 정하는 주택

   b. 종업원의 주거에 제공하기 위한 **기숙사 및 사원용 주택**, 주택건설사업자가 건축하여 소유하고 있는 **미분양주택, 모든 어린이집, 등록문화유산** 등 종합부동산세를 부과하는 목적에 적합하지 아니한 것으로서 대통령령으로 정하는 주택

2. 합산배제 주택을 보유한 납세의무자는 해당 연도 **9월 16일부터 9월 30일까지** 대통령령으로 정하는 바에 따라 납세지 관할세무서장에게 해당 주택의 보유현황을 **신고하여야 한다.**

구 분		세 율		세부담 상한
토지	별도합산과세대상 토지	3단계 초과누진세율	0.5% ~ 0.7%	150%
	종합합산과세대상 토지	3단계 초과누진세율	1% ~ 3%	150%
주택	개인 2주택 이하 소유	7단계 초과누진세율	0.5% ~ 2.7%	150%
	개인 3주택 이상 소유	7단계 초과누진세율	0.5% ~ 5%	
	법인 2주택 이하 소유	비례세율	2.7%	없 음
	법인 3주택 이상 소유	비례세율	5%	

1. 주택분 종합부동산세액을 계산할 때 적용해야 하는 주택 수는 다음과 같다.

   ① 1주택을 여러 사람이 **공동으로 소유**한 경우 공동 소유자 **각자**가 그 주택을 **소유**한 것으로 본다.

   ②「건축법 시행령」별표 1 제1호 다목에 따른 **다가구주택**은 **1주택**으로 본다.

   > * 재산세 :「건축법 시행령」별표 1 제1호다목에 따른 **다가구주택**은 **1가구**가 독립하여 구분사용할 수 있도록 분리된 부분을 1구의 주택으로 본다.

2. 다음의 주택은 주택 수에 포함하지 않는다.

   ① 합산배제주택

   ② 1세대 1주택자로 보는 경우의 일시적 2주택의 신규주택, 상속주택, 지방 저가주택

   ③ 토지의 소유권 또는 지상권 등 토지를 사용할 수 있는 권원이 없는 자가 「건축법」등 관계 법령에 따른 허가 등을 받지 않거나 신고를 하지 않고 건축하여 사용 중인 주택의 부속토지

1. 과세표준 금액에 대하여 해당 과세대상 주택 또는 토지의 **재산세로 부과된 세액** (「지방세법」 제111조제3항에 따라 **가감조정 된 세율이 적용된 경우에는 그 세율이 적용된 세액**, 같은 법 제122조에 따라 **세부담 상한을 적용받은 경우에는 그 상한을 적용받은 세액**을 말한다) **은 종합부동산세액에서 이를 공제한다.**

2. 재산세로 부과된 세액은 다음과 같이 계산한다.

$$
\text{재산세로 부과된 세액} \times \frac{(\text{종합부동산세 과세표준} \times \textbf{재산세 공정시장가액비율}) \times \text{재산세 표준세율}}{\text{주택 또는 토지를 합산하여 재산세 표준세율로 계산한 재산세 상당액}}
$$

　　주택 공시가격 합계액
-　과세기준금액 **12억원**
x　공정시장가액비율 60%
=　과세표준
　　7단계 초과누진세율
x　(0.5% ~ 2.7%)
=　산출세액
-　재산세로 부과된 세액
-　**고령자 세액공제 (만 60세 ~)**
　　장기보유 세액공제 (5년 ~)
=　납부세액
　　(세부담 상한 150%)

고령자(연령별) 세액공제		
만 60세 이상	만 65세 이상	만 70세 이상
100분의 20	100분의 30	100분의 40

장기보유 세액공제		
5년 이상	10년 이상	15년 이상
100분의 20	100분의 40	100분의 50

주택분 종합부동산세 납세의무자가 1세대 1주택자에 해당하는 경우의 주택분 종합부동산세액은 산출된 세액에서 1세대 1주택자에 대한 **고령자(연령별)세액공제**와 **장기보유세액공제액**을 공제한 금액으로 한다. 이 경우 공제율 합계 **100분의 80의 범위에서 중복하여 적용할 수 있다.**

1. 세대원 중 1명만이 주택분 재산세 과세대상인 1주택만을 소유한 경우로서 그 주택을 소유한 거주자를 말한다.

2. 「건축법 시행령」 별표 1 제1호 다목에 따른 다가구주택은 1주택으로 보되, 합산배제 임대주택으로 신고한 경우에는 1세대가 독립하여 구분 사용할 수 있도록 구획된 부분을 1주택으로 본다.

3. 1세대 1주택자 여부를 판단할 때 다음의 주택은 1세대가 소유한 주택 수에서 제외한다.

    ① 합산배제신고한 임대주택

    ② 합산배제 사원용 주택 등

4. 1세대 1주택자 여부를 판단할 때 **합산배제 신고한 임대주택과 그 외의 주택을 소유**한 자가 과세기준일 현재 그 주택에 **주민등록이 되어 있고 실제로 거주**하고 있는 경우에 한정하여 1세대 1주택을 적용한다.

1. '세대'란 주택 또는 토지의 소유자 및 그 배우자가 그들과 동일한 주소 또는 거소에서 생계를 같이하는 가족[주택 또는 토지의 소유자와 그 배우자의 직계존비속(그 배우자를 포함한다) 및 형제자매를 말하며, 취학, 질병의 요양, 근무상 또는 사업상의 형편으로 본래의 주소 또는 거소를 일시퇴거한 자를 포함한다]과 함께 구성하는 1세대를 말한다.

2. 다음 어느 하나에 해당하는 경우에는 배우자가 없는 때에도 이를 제1항에 따른 1세대로 본다.

    ① 30세 이상인 경우

    ② 배우자가 사망하거나 이혼한 경우

    ③ 「소득세법」 제4조에 따른 소득이 「국민기초생활 보장법」 제2조제11호에 따른 기준 중위소득의 100분의 40 이상으로서 소유하고 있는 주택 또는 토지를 관리·유지하면서 독립된 생계를 유지할 수 있는 경우. 다만, 미성년자의 경우를 제외하되, 미성년자의 결혼, 가족의 사망 그 밖에 기획재정부령이 정하는 사유로 1세대의 구성이 불가피한 경우에는 그러하지 아니하다.

3. 혼인함으로써 1세대를 구성하는 경우에는 **혼인**한 날부터 **10년** 동안은 주택 또는 토지를 소유하는 자와 그 혼인한 자별로 각각 1세대로 본다.

4. **동거봉양**(同居奉養)하기 위하여 합가(合家)함으로써 과세기준일 현재 60세 이상의 직계존속 (직계존속 중 어느 한 사람이 60세 미만인 경우를 포함한다)과 1세대를 구성하는 경우에는 합가한 날부터 **10년** 동안(합가한 날 당시는 60세 미만이었으나, 합가한 후 과세기준일 현재 60세에 도달하는 경우는 합가한 날부터 10년의 기간 중에서 60세 이상인 기간 동안) 주택 또는 토지를 소유하는 자와 그 합가한 자별로 각각 1세대로 본다.

다음의 경우는 1세대가 2주택을 소유하더라도 1세대 1주택자로 본다.

1. **1주택**(주택의 부속토지만을 소유한 경우는 제외한다)과 **다른 주택의 부속토지**(주택의 건물과 부속토지의 소유자가 다른 경우의 그 부속토지를 말한다)를 함께 소유하고 있는 경우

2. 1세대 1주택자가 보유하고 있는 주택을 양도하기 전에 다른 주택(신규주택)을 취득하여 **일시적으로 2주택이 된 경우**로서 과세기준일 현재 신규주택을 취득한 날부터 **3년이 경과하지 않은** 경우

다음의 경우는 1세대가 2주택을 소유하더라도 1세대 1주택자로 본다.

3. 1주택과 다음의 요건을 충족한 **상속주택**을 함께 소유하고 있는 경우

> [상속주택] 상속을 원인으로 취득한 주택으로서 다음 어느 하나에 해당하는 주택을 말한다.
> ① 과세기준일 현재 상속개시일부터 5년이 경과하지 않은 주택
> ② 지분율이 100분의 40 이하인 주택
> ③ 지분율에 상당하는 공시가격이 6억원(수도권 밖의 지역에 소재하는 주택은 3억원) 이하인 주택

4. 1주택과 다음의 **지방 저가주택**을 함께 소유하고 있는 경우

> [지방 저가주택] 다음의 요건을 모두 충족하는 1주택을 말한다.
> ① 공시가격이 3억원 이하일 것
> ② 수도권 밖의 지역으로서 다음 어느 하나에 해당하는 지역에 소재하는 주택일 것
> 　ㄱ. 광역시 및 특별자치시가 아닌 지역
> 　ㄴ. 광역시에 소속된 군
> 　ㄷ.「세종특별자치시 설치 등에 관한 법률」에 따른 읍 · 면

---

05 [종합부동산세] 1세대 1주택자로 보는 경우　　　　　　　　　부동산 세법 **임기원**

1. 주택과 주택 부속토지를 소유한 경우	-
2. 일시적으로 2주택이 된 경우	① 1세대 1주택자를 적용받으려는 납세의무자는 해당 연도 9월 16일부터 9월 30일까지 관할세무서장에게 신청하여야 한다. ② 신청을 한 납세의무자는 최초의 신청을 한 연도의 다음 연도부터는 그 신청 사항에 변동이 없으면 신청하지 않을 수 있다.
3. 1주택과 상속주택을 함께 소유한 경우	
4. 1주택과 지방 저가주택을 함께 소유한 경우	

1. 과세기준일 현재 **세대원 중 1인이 그 배우자와 공동으로 1주택을 소유**하고 해당 세대원 및 다른 세대원이 다른 주택(합산배제주택은 제외)을 소유하지 아니한 경우로서 ① 대통령령으로 정하는 경우에는 **배우자와 공동으로 1주택을 소유한 자 또는 그 배우자** 중 ② 대통령령으로 정하는 자("공동명의 1주택자"라 한다)를 해당 1주택에 대한 **납세의무자로 할 수 있다.**

   ① 세대원 중 1명과 그 배우자만이 주택분 재산세 과세대상인 1주택만을 소유한 경우로서 주택을 소유한 세대원 중 1명과 그 배우자가 **모두 거주자**인 경우를 말한다. 다만, 공동명의 1주택자의 배우자가 다른 주택의 부속토지(주택의 건물과 부속토지의 소유자가 다른 경우의 그 부속토지를 말한다)를 소유하고 있는 경우에는 제외한다.

   ② 1주택을 소유한 세대원 1명과 그 배우자 중 주택에 대한 지분율이 높은 사람(지분율이 같은 경우에는 공동 소유자간 합의에 따른 사람)을 말한다.

2. 납세의무자는 **당해 연도 9월 16일부터 9월 30일까지** 대통령령으로 정하는 바에 따라 관할세무서장에게 **신청**하여야 한다.

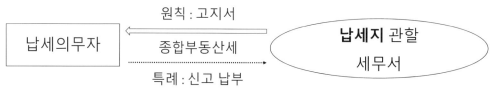

납세의무자		납세지
개 인	**거 주 자**	**① 그 주소지** **② 주소지가 없는 경우 : 그 거소지**
	비거주자	① 국내사업장 소재지 ② 국내사업장이 없는 경우 : 국내원천소득이 발생하는 장소 ③ ①과 ②가 없는 경우 : 주택 또는 토지의 소재지
법 인	내국법인	• 본점 또는 주사무소의 소재지
	외국법인	

원칙 : 부과 · 징수(고지서)

  ① 관할 세무서장은 납부하여야 할 종합부동산세의 세액을 결정하여 해당 연도 **12월 1일부터 12월 15일**까지 부과 · 징수한다.

  ② 관할 세무서장은 종합부동산세를 징수하려면 납부고지서에 주택 및 토지로 구분한 과세표준과 세액을 기재하여 납부기간 **개시 5일 전까지 발급**하여야 한다.

  ③ 납세자에게 부정행위가 없으며 특례제척기간에 해당하지 않는 경우 원칙적으로 **납세의무 성립일**부터 **5년**이 지나면 종합부동산세를 **부과할 수 없다.**

특례 : 신고 · 납부

  ① 종합부동산세를 **신고납부방식으로 납부하고자 하는** 납세의무자는 종합부동산세의 과세표준과 세액을 해당 연도 **12월 1일부터 12월 15일**까지 관할 세무서장에게 **신고하여야 한다.** 이 경우 정부의 결정은 없는 것으로 본다.

  ② **무신고가산세는 부과되지 않는다.**

  ③ 과소신고가산세와 납부지연가산세는 부과될 수 있다.

분할납부		물 납
• 납부할 세액이 **250만원 초과**		
• 납부기한이 지난 날부터 **6개월** 이내		
	<분할납부 가능금액>	없 음
500만원 이하	250만원 초과분	
500만원 초과	100분의 50 이하	

- 관할 세무서장은 종합부동산세로 납부하여야 할 세액이 **250만원을 초과**하는 경우에는 그 세액의 일부를 납부기한이 지난 날부터 **6개월 이내**에 분납하게 할 수 있다.

- 납부고지서를 받은 자가 분납하려는 때에는 종합부동산세의 납부기한까지 신청서를 관할 세무서장에게 제출하여야 한다.

- 관할 세무서장은 분납신청을 받은 때에는 이미 고지한 납부고지서를 납부기한까지 납부해야 할 세액에 대한 납부고지서와 분납기간 내에 납부하여야 할 세액에 대한 납부고지서로 구분하여 수정 고지해야 한다.

1. 관할세무서장은 다음의 요건을 모두 충족하는 납세의무자가 주택분 종합부동산세액의 납부유예를 그 납부기한 만료 3일 전까지 신청하는 경우 이를 허가할 수 있다.

   ① 과세기준일 현재 1세대 1주택자일 것

   ② 과세기준일 현재 만 60세 이상이거나 해당 주택을 5년 이상 보유하고 있을 것

   ③ 직전 과세기간의 총급여액이 7천만원 이하 또는 종합소득금액이 6천만원 이하일 것

   ④ 해당 연도의 주택분 종합부동산세액이 100만원을 초과할 것

2. 납부유예를 신청한 납세의무자는 그 유예할 주택분 종합부동산세액에 상당하는 담보를 제공하여야 한다.

3. 관할세무서장은 납부유예 신청을 받은 경우 납부기한 만료일까지 납세의무자에게 납부유예 허가 여부를 통지하여야 한다.

4. 관할세무서장은 다음 어느 하나에 해당하는 경우에는 그 납부유예 허가를 취소하여야 한다.

   ① 해당 주택을 타인에게 양도하거나 증여하는 경우

   ② 사망하여 상속이 개시되는 경우

   ③ 담보의 변경 또는 그 밖에 담보 보전에 필요한 관할세무서장의 명령에 따르지 아니한 경우

부가세   농어촌특별세 : 종합부동산세액의 100분의 20

구 분		본 세	부가세			
			<납부세액에 부가>		<감면세액에 부가>	
취 득		취득세	농어촌특별세 지방교육세	10% 20%	농어촌특별세	20%
		등록면허세	지방교육세	20%	농어촌특별세	20%
보 유		재산세	지방교육세	20%	-	-
		종합부동산세	**농어촌특별세**	**20%**	-	-
양 도		양도소득세	-	-	농어촌특별세	20%

비과세   재산세의 비과세, 과세면제 또는 경감에 관한 규정은 종합부동산세를 적용함에 있어서 이를 준용한다.

주택분 재산세	주택의 정의	주택분 종합부동산세	
주거용 건축물과 그 부속토지	주택의 정의	주거용 건축물과 그 부속토지	
• 주택 (고급주택 포함)	과세범위	• 주택 (고급주택 포함)	
• 주택별 (물세)	과세방법	• 납세의무자별 (인세)	
• 시가표준액 × 60%	과세표준	개 인	• 일반적인 경우　: (공시가격 합계액 − 9억원) × 60% • 1세대 1주택　: (공시가격 합계액 − 12억원) × 60%
		법 인	: (공시가격 합계액 − 0원) × 60%
• 4단계 초과누진세 (0.1 ~ 0.4%)	세　율	• 개인 : 7단계 초과누진세 (0.5 ~ 2.7% / 0.5 ~ 5%) • 법인 : 비례세 (2.7% / 5%)	
X	세부담 상한	개인	150%
		법인	X
• 주택 소재지	납 세 지	• 거주자 : 주소지 (주소지가 없는 경우는 거소지) • 비거주자 : 국내사업장 소재지	

재산세			비 교	종합부동산세		
지방세 (시 · 군 · 구)			과세주체	국 세 (세무서)		
토지 소재지, 주택 소재지, 건축물 소재지 등			납세지	거주자 주소지 (주소가 없는 경우는 거소지)		
토 지	분리과세	시가표준액 × 70%	과세대상 및 과세표준	토 지		X
	별도합산				별도합산	(공시가격 합계 - **80억원**) × 100%
	종합합산				종합합산	(공시가격 합계 - **5억원**) × 100%
주 택		시가표준액 × 60%		주 택	개 인	(공시가격 합계 − **9억원**) × 60% (공시가격 합계 − **12억원**) × 60%
					법 인	(공시가격 합계 - **0원**) × 60%
건축물		시가표준액 × 70%				X
선 박		시가표준액				
항공기		시가표준액				

재산세				비 교	종합부동산세			
토 지	분리과세	비례세 (0.07%, 0.2%, 4%)		세율	토 지	X		
	별도합산	3단계 초과누진세	0.2 ~ 0.4%			별도합산	3단계 초과누진세	0.5 ~ 0.7%
	종합합산	3단계 초과누진세	0.2 ~ 0.5%			종합합산	3단계 초과누진세	1 ~ 3%
주 택		4단계 초과누진세	0.1 ~ 0.4%		주 택	개 인	7단계 초과누진세	0.5 ~ 2.7% / 0.5 ~ 5%
						법 인	비례세	2.7% / 5%
건축물		비례세 (0.25%, 0.5%, 4%)			X			
선 박		비례세 (0.3%, 5%)						
항공기		비례세 (0.3%)						
• 토지·건축물 : 150% • 주택(가액) : 없음				세부담 상한	• 토지 : 150% • 주택 : 개인(150%) / 법인(없음)			

재산세		종합부동산세
없음	세액공제	• 연령별 세액공제 : 20% / 30% / 40% • 장기보유 세액공제 : 20% / 40% / 50%
• 보통징수(결정·고지) • -	징수방법	• 부과징수(결정·고지) • **특례 : 신고·납부 선택**
• 7월 (16일 ~ 31일) : 건축물, 선박, 항공기, 주택1/2 • 9월 (16일 ~ 30일) : 토지, 주택1/2	납부기간	• 12월 (1일 ~ 15일)
• 250만원 초과 • 납부기한이 지난 날부터 **3개월** 이내	분할납부	• 250만원 초과 • 납부기한이 지난 날부터 **6개월** 이내
• 1천만원 초과 • 관할구역 내 부동산	물 납	X
• 지방교육세 20%	부 가 세	• 농어촌특별세 20%
• 세액이 2천원 미만인 경우 징수하지 않는다	소액징수면제	X
• 1주택자로서 일정요건을 충족한 자	납부유예	• 1주택자로서 일정요건을 충족한 자

PART

06

소득세

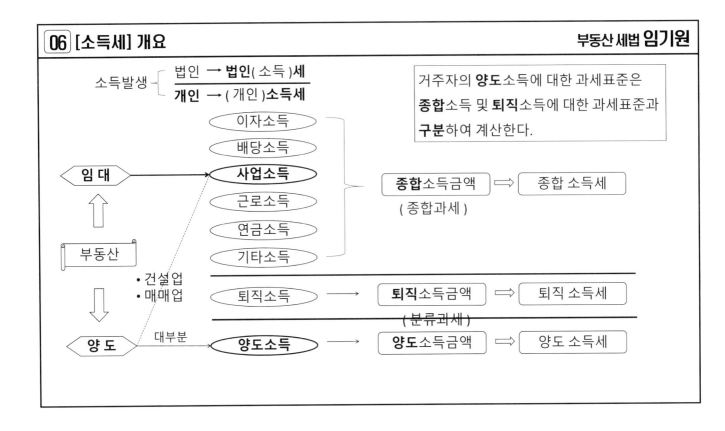

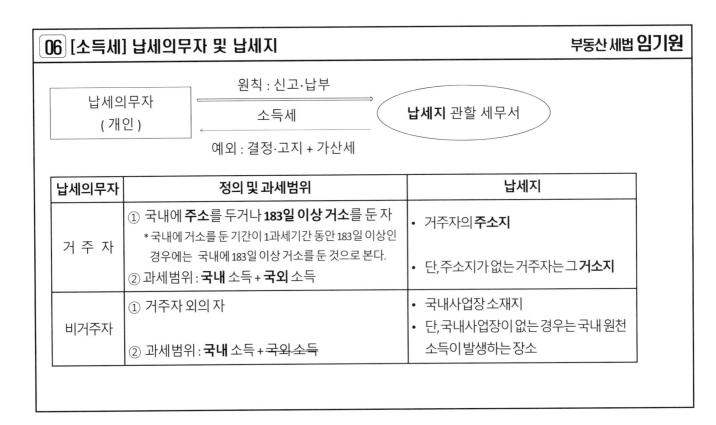

납세의무자	정의 및 과세범위	납세지
거 주 자	① 국내에 **주소**를 두거나 **183일 이상 거소**를 둔 자 * 국내에 거소를 둔 기간이 1과세기간 동안 183일 이상인 경우에는 국내에 183일 이상 거소를 둔 것으로 본다. ② 과세범위: **국내** 소득 + **국외** 소득	• 거주자의 **주소지** • 단, 주소지가 없는 거주자는 그 **거소지**
비거주자	① 거주자 외의 자 ② 과세범위: **국내** 소득 + ~~국외 소득~~	• 국내사업장 소재지 • 단, 국내사업장이 없는 경우는 국내 원천 소득이 발생하는 장소

개인별 과세
(부부합산, 세대합산)

원칙 : 연대납세의무 없음
예외 : 증여 후 양도부인규정 – 연대납세의무 있음

① **공동사업(주된 공동사업자에게 합산되는 경우는 제외)에 관한 소득금액을 계산하는 경우에는 해당 공동사업자별로 납세의무를 진다.**

② **공동**으로 **소유**한 자산에 대한 **양도**소득금액을 계산하는 경우에는 해당 자산을 공동으로 소유하는 **각 거주자**가 납세의무를 진다.

③ **피상속인의 소득금액**에 대해서 과세하는 경우에는 그 **상속인**이 납세의무를 진다. 이 경우 **피상속인의** 소득금액에 대한 **소득세**로서 상속인에게 과세할 것과 **상속인의** 소득금액에 대한 **소득세**는 **구분**하여 계산하여야 한다.

개인별 과세
(부부합산, 세대합산)

원칙 : 연대납세의무 없음
예외 : 증여 후 양도부인규정 – 연대납세의무 있음

④ **신탁재산에 귀속되는 소득**은 그 신탁의 이익을 받을 **수익자** (수익자가 사망하는 경우에는 그 상속인)에게 귀속되는 것으로 본다. 다만, 위탁자가 신탁재산을 실질적으로 통제하는 등 대통령령으로 정하는 요건을 충족하는 신탁의 경우에는 그 신탁재산에 귀속되는 소득은 위탁자에게 귀속되는 것으로 본다.

```
    개인별 과세          원칙 : 연대납세의무 없음
  (부부합산, 세대합산)    예외 : 증여 후 양도부인규정 – 연대납세의무 있음
```

⑤ 「소득세법」 제101조제2항(양도소득 부당행위계산)에 따라 **증여자가** 자산을 **직접 양도한 것으로 보는** 경우 그 양도소득에 대해서는 증여자와 **증여받은 자가 연대하여 납세의무를 진다.**

소 득 세	납세의무 성립시기
일반적인 경우	• <u>과세기간이 끝나는 때</u> ① **원칙 : 1월 1일 ~ 12월 31일** ② **거주자가 사망한 경우 : 1월 1일 ~ 사망일** ③ **거주자가 주소 또는 거소를 국외로 이전하여 비거주자가 되는 경우 : 1월 1일 ~ 출국일**
중간예납하는 소득세	• <u>중간예납기간이 끝나는 때</u> (1.1 ~ 6.30)
예정신고하는 소득세	• 과세표준이 되는 금액이 발생하는 **달의 말일**
원천징수하는 소득세	• 소득금액 또는 수입금액을 **지급하는 때**

① **건설업 (주택신축판매업)** 에서 발생하는 소득

② **부동산업 (부동산 및 부동산상의 권의 대여 또는 임대)** 에서 발생하는 소득. 다만, 「공익사업을 위한 토지 등의 취득 및 보상에 관한 법률」 제4조에 따른 **공익사업과 관련하여 지역권·지상권** (지하 또는 공중에 설정된 권리를 포함한다) 을 설정하거나 대여함으로써 발생하는 소득은 **제외**한다.

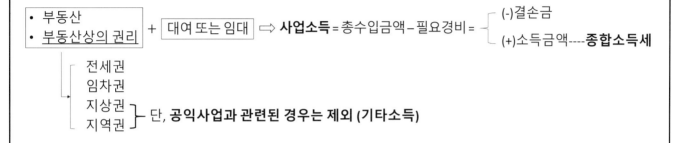

총수입금액 = ① 보증금에 대한 간주임대료 + ② 임대료(월세) + ③ 기타 수입

		① 보증금에 대한 간주임대료		② 임대료(월세)	
주택 외(상가 등) 부동산		과　세		과　세	
주　택 (1인)	1주택	-		비과세	
				• 국외주택 • 고가주택 (12억원 초과)	과　세
	2주택	-		과　세	
	3주택 이상	보증금 합계	3억원 이하　－	과　세	
			3억원 초과　과　세		

• 주거의 용도로만 쓰이는 면적이 1호 또는 1세대당 40제곱미터 이하인 주택으로서 해당 과세기간의 기준시가가 2억원 이하인 주택은 **2026년 12월 31일**까지는 주택 수에 포함하지 아니한다.

[보증금에 대한 간주임대료]

> 임대부동산의 매입 및 건설비를 말하며, 토지가액은 제외한다.

　　a. 주택 외 부동산 : [(보증금 합계 – 건설비 상당액) × 임대일수/365 × 정기예금이자율] – **금융**수익

　　b. 주　　　　택 : [(보증금 합계 **– 3억원**) × 임대일수/365 × 정기예금이자율 × **60%**] – **금융**수익

　　　　　　　　　　　　　　　　　　* **금융**수익 : 수입이자와 할인료 및 수입배당금

③ 기타 수입

　　a. 전기료·수도료 등의 공공요금의 명목으로 지급받은 금액이 **공공요금의 납부액을 초과**할 때 그
　　　　초과하는 금액은 부동산임대소득의 **총수입금액에 산입**한다.

　　b. 사업자가 부동산을 임대하고 세입자로부터 임대료 이외의 유지비나 관리비 등의 명목으로
　　　　징수한 금액이 있는 경우에는 전기료·수도료 등의 **공공요금을 제외한 청소비·난방비 등**은
　　　　부동산임대 관련 사업소득의 **총수입금액에 산입**한다.

　　c. 사업과 관련하여 해당 사업용 자산의 손실로 취득하는 **보험차익**은 **총수입금액에 산입**한다.

- 사업소득에 부동산임대업에서 발생한 소득이 포함되어 있는 사업자는 그 소득별로 구분하여
  회계처리하여야 한다. (「소득세법」 제160조 제4항)

1. 원칙 : 종합과세 (다른 종합소득금액과 합산하여 과세)

2. 예외 : 선택적 분리과세

　　㉠ **주거용 건물**임대업에서 발생하는 **수입금액 총액이 2천만원 이하**인 경우에는 다른 종합소득금액에
　　　합산하지 아니하고 **분리과세 (14%) 를 선택** 할 수 있다.

주택임대 수입금액	2천만원 초과		• 종합과세(6~45%)
	2천만원 이하	**선택**	• 종합과세(6~45%) • **분리과세(14%)**

> - **분리과세 주택임대소득이 있는 거주자는 다음연도 5월 1일부터 5월 31일까지 과세표준 확정신고를 하여야 한다.**

　　㉡ 분리과세 선택 시 계산구조

임대사업자 등　록	[수입금액(1 – 60%) – 400만원] × 14%
임대사업자 미등록	[수입금액(1 – 50%) – 200만원] × 14%

다음의 소득에 대해서는 소득세를 과세하지 아니한다. (「소득세법」 제12조)

① **논·밭**을 작물 생산에 이용하게 함으로써 발생하는 소득

② **1개의 주택**을 소유하는 자의 주택**임대**소득

> 다만, 다음에 해당하는 경우는 소득세가 과세된다.
>
> **a. 국외**에 소재하는 주택
>
> **b. "기준시가"가 12억원을 초과**하는 주택 (고가주택)

[기준기가 판단시점]

- 과세기간 종료일 현재 소유한 경우 : 과세기간 종료일
- 과세기간 중에 양도한 경우 : 양도일

> <취　득　세> 고급주택 : 취득 당시 시가표준액 **9억원** 초과
>
> <양도소득세> 고가주택 : 양도 당시 실지거래가액 **12억원** 초과

---

1. 본인과 **배우자**가 각각 주택을 소유하는 경우에는 이를 **합산**한다.

2. **임차** 또는 **전세 받은** 주택을 전대하거나 전전세하는 경우에는 당해 임차 또는 전세 받은 주택을 **임차인** 또는 **전세 받은 자**의 주택으로 계산한다.

3. **다가구주택**은 **1개의 주택**으로 보되, **구분 등기**된 경우에는 **각각**을 1개의 주택으로 계산한다.

4. **공동소유**하는 주택은 **지분이 가장 큰 사람**의 소유로 계산(지분이 가장 큰 사람이 2명 이상인 경우로서 그들이 합의하여 그들 중 1명을 해당 주택 임대수입의 귀속자로 정한 경우에는 그의 소유로 계산한다)한다.

> 다만, 다음 어느 하나에 해당하는 사람은 공동소유의 주택을 소유하는 것으로 계산되지 않는 경우라도 그의 소유로 계산한다.
>
> 가. 해당 공동소유하는 주택을 임대해 얻은 수입금액을 기획재정부령으로 정하는 방법에 따라 계산한 금액이 연간 6백만원 이상인 사람
>
> 나. 해당 공동소유하는 주택의 기준시가가 12억원을 초과하는 경우로서 그 주택의 지분을 100분의 30 초과 보유하는 사람

수입시기	① 계약 또는 관습에 따라 **지급일이 정해진 경우** : 그 정해진 날
	② 계약 또는 관습에 따라 **지급일이 정해지지 않은 경우** : 그 지급을 받은 날
필요경비	부동산임대 관련 사업소득을 계산할 때 필요경비에 산입할 금액은 해당 과세기간의 총수입금액에 대응하는 비용으로서 일반적으로 인용되는 통상적인 것의 합계액으로 한다.
결손금 및 이월결손금 공제	① 부동산임대업에서 발생하는 결손금은 종합소득 과세표준을 계산할 때 공제하지 아니한다. 다만, **주거용 건물 임대업**에서 발생하는 **결손금**은 **종합소득 과세표준을 계산할 때 공제한다.**
	② **해당 결손금을 공제하고 남은 이월결손금**은 해당 이월결손금이 발생한 과세기간의 종료일부터 **10년 이내**에 끝나는 과세기간의 소득금액을 계산할 때 먼저 발생한 과세기간의 월결손금부터 순서대로 **공제한다.**
	③ 결손금 및 이월결손금을 공제할 때 해당 과세기간에 결손금이 발생하고 이월결손금이 있는 경우에는 그 과세기간의 결손금을 먼저 소득금액에서 공제한다.

양도소득세

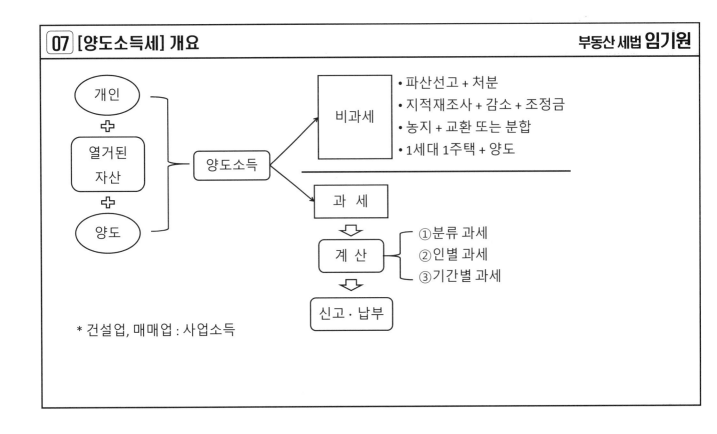

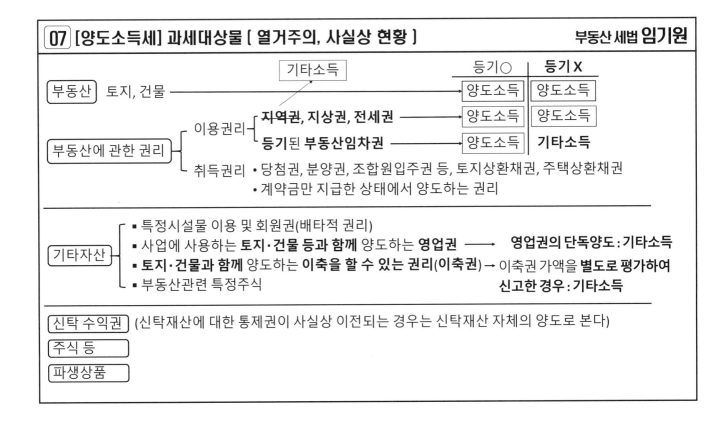

양도 ○
: "양도"란 자산에 대한 **등기 또는 등록과 관계없이** 그 자산을 **유상**으로 **사실상 이전**하는 것을 말한다.

① 유상 이전 : 대가성이 있어야 한다.

② 사실상 이전 : 소유권 등기에 관계없이 사실관계로 판단한다.

매매, 경매, 공매, 수용, 교환, 물납, 현물출자, 대물변제, 위자료, 부담부증여 등

양도 ×
- **무상**이전 : 상속, 증여 등
- 형식상 이전 : **신탁**(해지), 담보 등
- **무효** 또는 **취소**
- 배우자 또는 직계존비속 간 거래

---

1. 부담부증여

	일반적인 경우	배우자 또는 직계존비속
채무액 상당액(유상)	**양도 ○**	원칙 : 양도 ×(증여추정) **예외 : 대가 입증 – 양도 ○**
채무액 외 부분(증여)	양도 ×	양도 ×

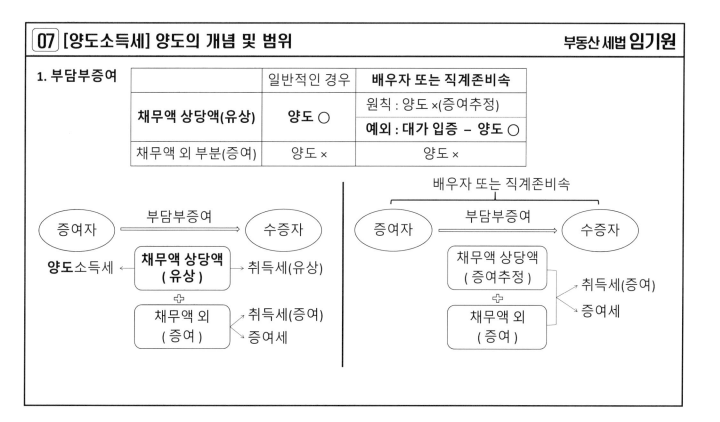

2. **경매** (임의경매, 강제경매, 공매 포함) : **양도** ○

　　☞ 단, 자기가 재취득한 경우 - 양도 X

3. **교환 : 양도** ○

　　☞ 단, 토지의 경계를 합리적으로 바꾸기 위하여 분할하여 교환하는 경우 – 양도 X

　　　　(단, 분할된 토지 면적이 분할 전 토지 면적의 20% 초과하지 아니할 것)

4. 양도담보 : 양도 X

　　☞ 단, 예외 : 계약을 위배하거나 **채무불이행**으로 인하여 변제에 충당한 때 – **양도** ○

5. **수용, 환지처분, 보류지 충당**

　• **수용 : 양도** ○

　• 환지처분 : 양도 X

　　☞ 단, 교부받은 토지의 면적이 환지처분에 의한 권리면적보다 **감소**된 경우 – **양도** ○

　• 보류지 충당 : 양도 X

　　☞ 단, 보류지를 **매각**하는 경우 - **양도** ○

---

6. 공유물 분할 : 양도 X

　☞ 단, 공유지분이 **감소**되면서 대가성이 있는 경우 – **양도** ○

			양도소득세	취득세
공유물 분할	자기지분		-	과세 (표준 – 기준)
	지분변동	증가분	-	과세 (표준)
		감소분	과세	-

7. 이혼

　• 재산분할 : 양도 X

　• **위자료 : 양도** ○

		양도소득세	취득세
이혼	재산분할	-	과세 (표준 – 기준)
	위 자 료	과세	과세 (표준)

8. 배우자 또는 직계존비속 간 거래

원칙 : 양도×(증여추정)	
예외 : 양도○	• 대가를 지급한 사실이 **입증**되는 때
	• 등기를 요하는 재산을 서로 **교환**하는 때
	• **파산선고**로 인하여 처분된 때
	• **경매**절차에 의해 처분된 때
	• 국세징수법에 따라 **공매**된 때
	• 증권시장을 통해 유가증권을 처분하는 때

배우자 또는 직계존비속

매도자 ══▶ 매수자

증여추정 → 취득세(증여)
　　　　　 → 증여세

양도소득세 ◀— 대가입증 (유상) —▶ 취득세(유상)

양도 O	양도 X
부담부증여 + 채무상당액	부담부증여 + 채무상당액 외의 부분
경매, 공매	경매 + 자기가 재취득
교환	교환 + 토지 경계를 바꾸기 위해
양도담보 + 채무불이행	양도담보
환지처분 + 권리면적 감소	환지처분
보류지 + 매각	보류지 + 충당
공유물 분할 + 지분 감소	공유물 분할
이혼 + 위자료	이혼 + 재산분할
대가입증 경매, 공매, 교환 파산 + 처분	배우자 또는 직계존비속

1. **유상** 취득 및 양도

　1) 일반적인 경우 : 해당 자산의 **대금을 청산한 날**. 이 경우 자산의 양도에 대한 양도소득세
　　및 양도소득세의 부가세액을 양수자가 부담하기로 약정한 경우에는 해당 양도소득세
　　및 양도소득세액은 제외한다.

　　　┌─────────────────────┐
　　　│　　　　· **사실상 잔금 청산일**　　　　│
　　　└─────────────────────┘

　　① 대금을 청산한 날이 **분명하지 아니한 경우** : **등기·등록접수일** 또는 명의개서일

　　② 대금을 청산하기 **전에 소유권이전등기**(등록 및 명의의 개서를 포함한다)를 한 경우 : **등기접수일**

취득세	사실상의 잔금지급일
	• 사실상의 잔금지급일을 확인할 수 없는 경우 : 그 계약상의 잔금지급일
	• 계약상 잔금지급일이 명시되지 않은 경우 : 계약일부터 60일이 경과한 날
	• 취득일 전에 등기 또는 등록을 한 경우 : 그 등기일 또는 등록일

---

1. **유상** 취득 및 양도

　2) 「공익사업을 위한 토지 등의 취득 및 보상에 관한 법률」이나 그 밖의 법률에 따라 공익사업을
　　위하여 **수용**되는 경우 : **대금을 청산한 날, 수용의 개시일 또는 소유권이전등기접수일 중 빠른 날**.
　　다만, 소유권에 관한 소송으로 보상금이 공탁된 경우에는 소유권 관련 소송 판결 확정일로 한다.

　3) 기획재정부령이 정하는 **장기할부조건의 경우** : **소유권이전등기**(등록 및 명의개서를 포함한다)
　　접수일 · 인도일 또는 사용수익일 중 빠른 날

　┌──┐
　│ 취득세 ☞ 연부취득 : 사실상 연부금 지급일. 단, 취득일 전에 등기한 경우는 등기일 │
　└──┘

2. **무상**취득

(1) **상속**에 의하여 취득한 자산 : 그 상속이 **개시**된 날 (단, 세율 판단 : 피상속인이 취득한 날)

(2) **증여**에 의하여 취득한 자산 : 증여를 **받은** 날 (단, 이월과세 및 부인규정 : 증여자가 취득한 날)

> 취득세 ☞ 증여 : 계약일. 단, 취득일 전에 등기한 경우는 등기일

---

3. 자가**건축**

① 자기가 건설한 건축물에 있어서는 「건축법」 제22조제2항에 따른 **사용승인서 교부일**.
　　다만, 사용승인서 교부일 전에 사실상 사용하거나 임시사용승인을 받은 경우에는 그
　　사실상의 사용일 또는 임시사용승인을 받은 날 중 빠른 날로 한다.

② **건축허가를 받지 아니하고** 건축하는 건축물에 있어서는 그 **사실상의 사용일**로 한다.

취득세	사용승인서를 내주는 날과 사실상 사용일 중 빠른 날
	*사용승인서를 내주기 전에 임시사용승인을 받은 경우에는 그 임시사용승인일
	*사용승인서 또는 임시사용승인서를 받을 수 없는 건축물의 경우에는 사실상 사용이 가능한 날

4. 환지처분

① 「도시개발법」 또는 그 밖의 법률에 따른 **환지처분**으로 인하여 취득한 토지의 취득시기는 **환지 전의 토지의 취득일**.

② 다만, 교부받은 토지의 면적이 환지처분에 의한 권리면적보다 **증가 또는 감소**된 경우에는 그 증가 또는 감소된 면적의 토지에 대한 취득시기 또는 양도시기는 환지처분의 공고가 있은 날의 **다음 날**로 한다.

---

5. 「민법」 제245조제1항 (점유)   취득세 ☞ 점유 : 등기일

「**민법**」 **제245조제1항**의 규정에 의하여 부동산의 소유권을 취득하는 경우에는 당해부동산의 점유를 **개시한 날**

6. 무효

부동산의 소유권이 타인에게 이전되었다가 법원의 **무효**판결에 의하여 해당 자산의 소유권이 환원된 경우에는 그 자산의 **당초 취득일**

7. 완성 또는 확정되지 아니한 경우

　완성 또는 확정되지 아니한 자산을 양도 또는 취득한 경우로서 해당 자산의 대금을 청산한
　날까지 그 목적물이 완성 또는 확정되지 아니한 경우에는 그 목적물이 **완성 또는 확정된 날**

8. 양도한 자산의 취득시기가 분명하지 아니한 경우에는 **먼저** 취득한 자산을 **먼저** 양도한 것으로 본다.

9. 취득시기 의제 : 1985년 1월 1일

구 분		양도 및 취득시기
유 상	일반적인 경우	**대금청산일** (실제 대금의 전부를 주고 받은 날) ㉠ 대금청산일이 **분명하지 아니한** 경우 ── **등기·등록접수일** 또는 명의개서일 ㉡ 대금청산 **전에** 소유권이전 **등기**한 경우 – **등기접수일**
	수 용	(대금청산일, 등기접수일, 수용 개시일) 중 빠른 날
	장기할부	(등기접수일, 인도일, 사용수익일) 중 빠른 날
무 상	상 속	상속 개시일 [단, 세율 적용은 피상속인이 취득한 날]
	증 여	증여를 받은 날 [단, 이월과세 및 부인규정은 증여자의 취득일]
건 축	일반적인 경우	사용승인서 교부일 　단, 사용승인서 교부일 전에 임시사용승인을 받거나 사실상 사용한 경우 　– 임시사용승인일 또는 그 사실상의 사용일 중 빠른 날
	허가받지 아니한 경우	사실상의 사용일

구 분		양도 및 취득시기
완성 또는 확정되지 아니한 경우		완성 또는 확정된 날
환지처분	지목 또는 지번이 변경된 경우	환지 전 토지 취득일
	권리면적이 증가 또는 감소한 경우	환지처분 공고일의 다음 날
「민법」 제245조(점유 취득)		부동산의 점유를 개시한 날 ------ cf. 취득세 : 등기일
무효판결로 환원된 자산		그 자산의 당초 취득일
양도한 자산의 취득시기가 분명하지 아니한 경우		먼저 취득한 자산을 먼저 양도
취득시기 의제	부동산 부동산에 관한 권리 기타자산	1985년 1월 1일
	주식 등	1986년 1월 1일

[취득세와 양도소득세 비교정리]

		취득세	양도소득세
유상	일반적인 경우	사실상잔금지급일 • 사실상잔금일확인x:계약상잔금지급일 • 계약상잔금일명시x:계약일+60일 경과일 • 먼저등기:등기일	대금청산일(사실상 잔금청산일) • 대금청산일 분명x:등기접수일 • 먼저등기:등기접수일
	수용	-	대금청산일/등기접수일/수용개시일
	연부취득/장기할부	사실상연부금지급일	등기접수일/인도일/사용수익일
무상	상속	상속개시일	상속개시일
	증여	계약일/등기일	증여받은 날
건축	허가받은 경우	사용승인서(임시사용승인)/사실상사용일	사용승인서(임시사용승인)/사실상사용일
	허가받지 않은 경우	사용이 가능한 날/사실상사용일	사실상사용일
	매립·간척	공사준공인가일/사실상사용일	-

[취득세와 양도소득세 비교정리]

		취득세	양도소득세
완성X 또는 확정X			완성된 날 또는 확정된 날
환지처분	원칙		환지 전 토지 취득일
	증가 또는 감소		환지처분 공고일의 다음 날
「민법」245조(점유)		등기일	점유개시일
무효판결로 환원된 자산			당초 취득일
양도자산의 취득시기가 불분명			먼저 취득 + 먼저 양도
취득시기 의제			일반적인 경우 : 85.1.1 주식 등 : 86.1.1
토지의 지목변경 + 가액증가		사실상 변경일과 공부상 변경일 중 빠른 날 단, 먼저 사용하는 부분은 사실상 사용일	
과점주주		과점주주가 된 날	

종 류	1. **파산선고**에 의한 처분으로 발생하는 소득 2. 「**지적재조사**에 관한 특별조치법」에 따른 경계의 확정으로 지적공부상의 면적이 **감소**되어 지급받는 **조정금** 3. **농지의 교환 또는 분합**으로 인하여 발생하는 소득 4. **1세대가 1주택**을 양도하여 발생하는 소득 　㉠ 1세대가 1주택을 2년 이상 보유한 경우의 주택 　㉡ 1세대가 1주택을 양도하기 전에 다른 주택을 대체취득하거나 상속, 동거봉양, 혼인 등으로 인하여 2주택 이상을 보유하는 경우 5. 조합원입주권을 1개 보유한 1세대로서 비과세 요건을 충족하여 양도하는 경우의 해당 조합원입주권을 양도하여 발생하는 소득

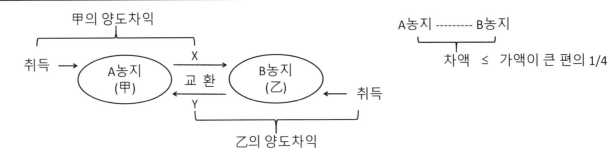

● 교환 또는 분합하는 **쌍방 토지가액의 차액**이 **가액이 큰 편의 4분의 1 이하**

1. 국가 등이 시행하는 사업으로 인하여 교환 또는 분합

2. 국가 등이 소유한 토지와 교환 또는 분합

3. 「농어촌정비법」 등에 의하여 교환 또는 분합

4. **경작상 필요에 의하여 교환**하는 농지. 단, 교환에 의하여 새로 취득하는 농지를 **3년 이상** 농지소재지에 거주하면서 경작한 경우에 한한다.

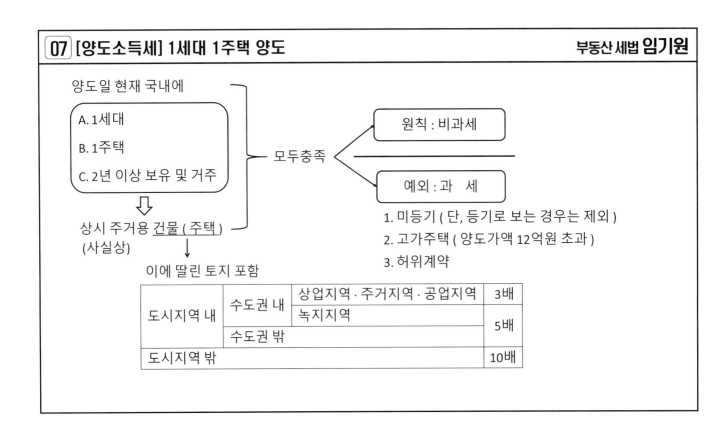

원 칙 양도일 현재 거주자 및 그 **배우자**가 그들과 **동일한 주소 또는 거소**에서 생계를 같이하는 자와 함께 구성하는 가족단위를 말한다.

- 배우자의 범위에는 법률상 이혼을 하였으나 생계를 같이 하는 등 사실상 이혼한 것으로 보기 어려운 관계에 있는 사람을 포함한다.
- **부부**가 각각 단독세대를 구성하거나 가정불화로 별거 중이라도 법률상 배우자는 **항상 같은 세대**로 본다.

특 례 배우자가 없는 경우에도 1세대 인정

1) 해당 거주자의 나이가 **30세 이상**인 경우

2) 배우자가 **사망**하거나 **이혼**한 경우

3) 「소득세법」 제4조에 따른 소득 중 기획재정부령이 정하는 소득이 「국민기초생활보장법」 제2조 제11호에 따른 **기준 중위소득을 12개월로 환산한 금액이 100분의 40 수준 이상**으로서 소유하고 있는 주택 또는 토지를 관리·유지하면서 독립된 생계를 유지할 수 있는 경우. 다만, 미성년자의 경우를 제외하되, 미성년자의 결혼, 가족의 사망 그 밖의 기획재정부령으로 정하는 사유로 1세대의 구성이 불가피한 경우에는 그러하지 아니하다.

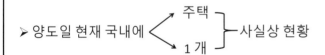

➤ 양도일 현재 국내에 〈 주택 / 1개 〉 — 사실상 현황

- "주택"이란 허가 여부나 공부(公簿)상의 용도구분과 관계없이 세대의 구성원이 독립된 주거생활을 할 수 있는 구조로서 세대별로 구분된 각각의 공간마다 별도의 출입문, 화장실, 취사시설이 설치되어 있는 구조를 갖추어 사실상 주거용으로 사용하는 건물을 말한다. 이 경우 그 용도가 분명하지 아니하면 공부상의 용도에 따른다. (「소득세법」 제88조)

- 소유하고 있던 **공부상 주택**인 1세대 1주택을 거주용이 아닌 **영업용 건물 (점포·사무소 등)로 사용**하다가 양도하는 때에는 1세대 **1주택으로 보지 아니한다.**

- 1세대 1주택을 양도하였으나 동 주택을 매수한 자가 소유권이전등기를 하지 아니하여 부득이 **공부상 1세대 2주택**이 된 경우에는 매매계약서 등에 의하여 **1세대 1주택임이 사실상 확인**되는 때에는 1세대 **1주택으로 보아** 비과세 규정을 적용한다.

07 **[양도소득세] 1주택의 범위 및 판단**　　　　　　　　　　　　　부동산 세법 **임기원**

1. 주택 수 판단
   ㉠ 국외 주택 : 포함 ×
   ㉡ 분양권 및 입주권 : 포함 ○

> 1세대가 주택(주택부수토지를 포함한다)과 조합원입주권 또는 분양권을 보유하다가 그 주택을 양도하는 경우에는 1주택 비과세 규정을 적용하지 아니한다. [소득세법 제89조 제2항]

2. 공동소유주택
   1주택을 여러 사람이 **공동으로 소유**한 경우 주택 수를 계산할 때 공동 소유자 **각자**가 그 주택을 소유한 것으로 본다.

> [임대] 공동소유하는 주택은 지분이 가장 큰 사람의 소유로 계산하며, 지분이 가장 큰 사람이 2명 이상인 경우로서 그들이 합의하여 그들 중 1명을 해당 주택 임대수입의 귀속자로 정한 경우에는 그의 소유로 계산한다.

3. 다가구 주택
   ① 「건축법시행령」에 따른 **다가구주택**은 한 가구가 독립하여 거주할 수 있도록 구획된 부분을 **각각** 하나의 주택으로 본다.
   ② 다만, 해당 다가구주택을 구획된 부분별로 분양하지 아니하고 **하나의 매매단위로 하여 양도**하는 경우에는 그 **전체**를 하나의 주택으로 본다.

> [임대] 다가구주택은 1개의 주택으로 보되, 구분 등기된 경우에는 각각을 1개의 주택으로 계산한다.

		공동 소유주택	다가구 주택
재산세			• **1가구**를 1구의 주택으로 본다.
종합부동산세		• 공동 소유자 **각자** 소유	• **1주택**으로 본다.
소득세	임대	• **지분이 큰 자의 소유** 다만, 다음에 해당하는 사람은 지분이 적은 경우에도 그 소유로 본다. 　㉠ 임대수입이 연 600만원 이상 　㉡ 주택 기준시가 12억원 초과 + 지분 30% 초과	• **1주택**으로 본다. 다만, **구분등기**된 경우에는 **각각** 하나의 주택으로 본다.
	양도	• 공동 소유자 **각자** 소유	• **각각** 1개의 주택으로 본다. 다만, **하나의 매매단위**로 양도한 경우는 **전체**를 1개의 주택으로 본다.

132

4. 겸용주택

① 하나의 건물이 **주택과 주택 외의 부분으로 복합**되어 있는 경우와 주택에 딸린 토지에 주택 외의 건물이 있는 경우에는 그 **전부를 주택**으로 본다.

> <고가주택>
> a. 고가주택 판단 : 고가주택의 실지거래가액을 계산하는 경우에는 주택으로 보는 부분(이에 부수되는 토지를 포함한다)에 해당하는 실지거래가액을 포함한다.
> b. 양도차익 등 계산 : 주택 외의 부분은 주택으로 보지 않는다.

② 다만, 주택의 연면적이 주택 외의 연면적보다 **적거나 같을 때**에는 **주택 외의 부분**은 **주택으로 보지 아니한다.**

겸용주택		고가주택	
주택 > 주택 외	• 전부 주택	고가주택 판단	**주택 외의 부분을 포함**하여 판단한다.
		양도차익 등 계산	**주택 외의 부분**은 **주택으로 보지 않는다.**
주택 ≤ 주택 외	• 주택 부분만 주택 • **주택 외 부분은 주택 아님**		

---

5. 같은 날에 양도

2 이상의 주택을 **같은 날에 양도**하는 경우에는 당해 **거주자가 선택**하는 순서에 따라 주택을 양도한 것으로 본다.

```
                          <원 칙>   <특 례>
          ┌ 먼저 양도 ⟹   1주택 ×   [1주택 ○]
  2주택  ─┤
          └ 나중 양도 ⟹   1주택 ○    1주택 ○
```

1. 일시적인 2주택

국내에 1주택을 소유한 1세대가 그 주택(종전의 주택)을 양도하기 전에 다른 주택(신규 주택)을
취득(자기가 건설하여 취득한 경우 포함)함으로써 **일시적으로 2주택**이 된 경우 종전의 주택을 취득한
날부터 **1년 이상이 지난 후 신규 주택을 취득**하고 **신규 주택을 취득한 날부터 3년 이내**에 종전의 주택을
양도하는 경우에는 이를 1세대 1주택으로 보아 비과세 규정을 적용한다.

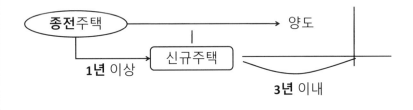

---

2. 혼인 또는 직계존속 동거봉양으로 인한 2주택

① 1주택을 보유하는 자가 1주택을 보유하는 자와 **혼인**함으로써 1세대가 2주택을 보유하게 되는 경우
또는 1주택을 보유하고 있는 60세 이상의 직계존속을 동거봉양하는 무주택자가 1주택을 보유하는 자와
혼인함으로써 1세대가 2주택을 보유하게 되는 경우 각각 혼인한 날부터 **10년 이내**에 **먼저 양도**하는
주택은 이를 1세대1주택으로 보아 비과세에 관한 규정을 적용한다.

② 1주택을 보유하고 1세대를 구성하는 자가 1주택을 보유하고 있는 **60세 이상의 직계존속(a,b,c를
포함한다)**을 **동거봉양**하기 위하여 세대를 합침으로써 1세대가 2주택을 보유하게 되는 경우 합친
날부터 **10년 이내**에 **먼저 양도**하는 주택은 이를 1세대1주택으로 보아 비과세에 관한 규정을 적용한다.
    a. 배우자의 직계존속으로서 60세 이상인 사람
    b. 직계존속(배우자의 직계존속을 포함한다) 중 어느 한 사람이 60세 미만인 경우
    c. 「국민건강보험법 시행령」 별표 2 제3호가목3), 같은 호 나목2) 또는 같은 호 마목에 따른
       요양급여를 받는 60세 미만의 직계존속(배우자의 직계존속을 포함한다)으로서
       기획재정부령으로 정하는 사람

3. 상속, 농어촌, 문화재, 수도권 밖 등 부득이하게 2주택이 된 경우

다음의 경우에는 국내에 1개의 주택을 소유하고 있는 것으로 보아 비과세에 관한 규정을 적용한다.

① **상속받은 주택**과 **일반주택(상속개시 당시 보유한 주택만 해당함)**을 국내에 각각 1개씩 소유하고 있는 1세대가 **일반주택**을 양도하는 경우

② 법령이 정하는 **농어촌주택(상속주택, 이농주택, 귀농주택)**과 **일반주택**을 국내에 각각 1개씩 소유하고 있는 1세대가 **일반주택**을 양도하는 경우. 다만, 귀농주택에 대해서는 그 주택을 취득한 날부터 5년 이내에 일반주택을 양도하는 경우에 한정하여 적용한다.

③ 지정**문화유산**, 국가등록**문화유산** 및 천연기념물등에 해당하는 **주택**과 **일반주택**을 국내에 각각 1개씩 소유하고 있는 1세대가 **일반주택**을 양도하는 경우

④ 기획재정부령으로 정하는 취학, 근무상의 형편, 질병의 요양, 그 밖에 부득이한 사유로 취득한 **수도권 밖에 소재하는 주택**과 **일반주택**을 국내에 각각 1개씩 소유하고 있는 1세대가 부득이한 사유가 해소된 날부터 3년 이내에 **일반주택**을 양도하는 경우

[2주택 특례 요약]

구분		양도기간	먼저 양도하는 주택
①	일시적인 2주택 (1년 이상이 지난 후)	**3년** 이내	**종전 주택** 양도
②	**혼 인**	**10년** 이내	-
	직계존속(60세 이상) **동거봉양**	**10년** 이내	
③	**상속받은 주택** + 일반주택	-	**일반주택** 양도
	농어촌주택 +	- (단, 귀농주택은 5년 이내)	
	문화유산주택 +	-	
	수도권 밖 주택 +	- (단, 부득이한 사유가 해소된 경우는 3년 이내)	

		일반적인 경우	조정대상지역
원 칙	보유기간 (취득일 ~ 양도일)	2년 이상	2년 이상
	거주기간 (전입일 ~ 전출일)	-	2년 이상

① 1세대가 양도일 현재 국내에 1주택을 보유하고 있는 경우로서 해당 주택의 **보유기간이 2년 이상**인 것을 말한다.

② 다만, **취득 당시**에 「주택법」 제63조의2 제1항 제1호에 따른 **조정대상지역에 있는 주택**의 경우에는 해당 주택의 **보유기간이 2년 이상이고 그 보유기간 중 거주기간이 2년 이상**인 것을 말한다.

◆ 보유기간

- 「소득세법」 제95조 제4항에 따른 취득일부터 양도일까지로 한다.

- 다만, 주택이 아닌 건물을 사실상 주거용으로 사용하거나 공부상의 용도를 주거용으로 변경하는 경우 그 보유기간은 해당 자산을 사실상 주거용으로 사용한 날(사실상 주거용으로 사용한 날이 분명하지 않은 경우에는 그 자산의 공부상 용도를 주택으로 변경한 날)부터 양도한 날까지로 한다.

◆ 거주기간

- 주민등록표 등본에 따른 전입일부터 전출일까지의 기간으로 한다.

- **취득당시 조정대상지역에 있는 주택으로서 공동상속주택인 경우 거주기간은 해당 주택에 거주한 공동상속인 중 그 거주기간이 가장 긴 사람이 거주한 기간으로 판단한다.**

보유기간 또는 거주기간을 계산할 때 다음의 기간을 통산한다.

1. 거주하거나 보유하는 중에 **소실·무너짐·노후 등**으로 인하여 멸실되어 **재건축**한 주택인 경우에는 그 **멸실된 주택**과 **재건축한 주택**에 대한 거주기간 및 보유기간

재건축	보유기간 또는 거주기간 통산 여부		
	종전주택(멸실된 주택)	공사기간	재건축주택
「도시및주거환경정비법」	포함	보유기간 : 포함 거주기간 : 제외	포함
소실·무너짐·노후	포함	제외	포함

보유기간 또는 거주기간을 계산할 때 다음의 기간을 통산한다.

2. 비거주자가 해당 주택을 3년 이상 계속 보유하고 그 주택에서 거주한 상태로 거주자로 전환된 경우에는 해당 주택에 대한 거주기간 및 보유기간

3. 상속받은 주택으로서 상속인과 피상속인이 **상속개시 당시 동일세대**인 경우에는 **상속개시 전에** 상속인과 피상속인이 **동일세대**로서 거주하고 보유한 기간

다음의 경우에는 2년 이상 보유기간 및 거주기간의 제한을 받지 아니한다.

① 「민간임대주택에 관한 특별법」 등에 따른 **민간건설임대주택, 공공건설임대주택, 공공매입임대주택**을 취득하여 양도하는 경우로서 해당 임대주택의 **임차일**로부터 해당 주택의 **양도일**까지의 기간 중 세대전원이 **거주**한 기간이 **5년 이상**인 경우

② **1년 이상 거주**한 주택을 **취학, 근무상 형편, 질병의 요양, 그 밖의 부득이한 사유**로 세대전원이 **다른 시·군으로 주거를 이전**하면서 양도하는 경우

③ 주택 및 그 부수토지의 선부 또는 일부가 협의매수·수용 및 그 밖의 법률에 의하여 **수용**되는 경우 (이 경우 양도일 또는 수용일로부터 5년 이내에 양도하는 그 잔존주택 및 부수토지를 포함한다)

④ 다음의 사유로 세대전원이 **해외로 출국**하는 경우로서 **출국일 현재 1주택**을 보유하고 있고 **출국일로부터 2년 이내에 양도**하는 경우

　　a. 「해외이주법」에 따른 **해외이주**로 세대전원이 **출국**하는 경우

　　b. **1년 이상 계속하여 국외거주**를 필요로 하는 **취학 또는 근무상 형편**으로 세대전원이 **출국**하는 경우

---

1. 미등기	원칙 : 전부 과세 특례 : 등기로 보는 경우 – 비과세 가능
2. 고가주택	비과세 요건을 충족한 1주택으로서 양도당시 실지 거래가액이 12억원을 초과하는 주택을 말하며, 양도가액 중 12억을 초과하는 부분에 해당하는 금액을 과세한다.
3. 허위계약	토지, 건물 및 부동산에 관한 권리를 매매하는 거래당사자가 매매계약서의 거래가액을 실지거래가액과 다르게 적은 경우에는 해당 자산에 대하여 양도소득세의 비과세 규정을 적용할 때 비과세 받았거나 받을 세액에서 ㉠과 ㉡의 금액 중 적은 금액을 뺀다. ㉠ 비과세에 관한 규정을 적용하지 아니하였을 경우의 양도소득 산출세액 ㉡ 매매계약서의 거래가액과 실지거래가액과의 차액

(1) 원칙 : 비과세 배제 (**전부 과세**)

(2) 특례 : 미등기 제외 자산(등기로 보는 경우) – 비과세 가능

① **장기할부**조건으로 취득한 자산으로서 그 계약조건에 의하여 양도 당시 그 자산의 취득에 관한 **등기가 불가능**한 자산

② **법률의 규정 또는 법원의 결정**에 의하여 양도 당시 그 자산의 취득에 관한 **등기가 불가능**한 자산

③ **비과세 요건을 충족한 주택**으로서 「건축법」에 따른 **건축허가를 받지 아니하여 등기가 불가능**한 자산

④ 「소득세법」상 비과세 대상인 농지 및 「조세특례제한법」상 감면대상인 농지에 해당하는 토지

⑤ 「도시개발법」에 따른 도시개발**사업이 종료되지 아니하여** 토지 취득등기를 하지 아니하고 양도하는 토지

⑥ 건설사업자가 「도시개발법」에 따라 공사용역 대가로 취득한 체비지를 토지구획**환지처분공고 전**에 양도하는 토지

"고가주택"이란 양도 당시의 실지거래가액의 합계액이 12억원을 초과하는 것을 말한다.

고급주택 (취득세)		취 득 당 시	시가표준액	9억원초과
고가주택 (소득세)	임대	과세기간 종료일 양 도 일	기 준 시 가	12억원초과
	양도	양 도 일	실지거래가액	12억원초과

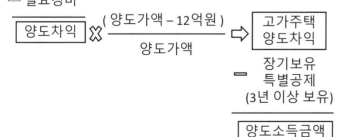

[3년 이상 보유]	장기보유특별공제		
	공제율	한도	
2년 미만 거주	보유기간 X 2%	최대 30%	
2년 이상 거주	보유기간 X 4%	최대 40%	최대 80%
	거주기간 X 4%	최대 40%	

계산구조	미등기	국내 소재 부동산 + 등기됨 + 16년 보유					
		일반 부동산	1세대 1주택 비과세 요건 충족				
			5년 8개월 거주			13년 2개월 거주	
양도가액	15억원	15억원	15억원			15억원	
- 필요경비	5억원	5억원	5억원			5억원	
= 양도차익	10억원	10억원	10억원	(3/15)	2억원	10억원 (3/15)	2억원
장기보유 특별공제	-	3억원			1억 2,000만원		1억 6,000만원
= 양도소득금액	10억원	7억원			8,000만원		4,000만원
양도소득 기본공제	-	250만원			250만원		250만원
= 과세표준	10억원	6억 9,750만원			7,750만원		3,750만원
X 세 율	70%	6~45%			6~45%		6~45%
= 산출세액	7억원	2억 5,701만원			1,284만원		436만원

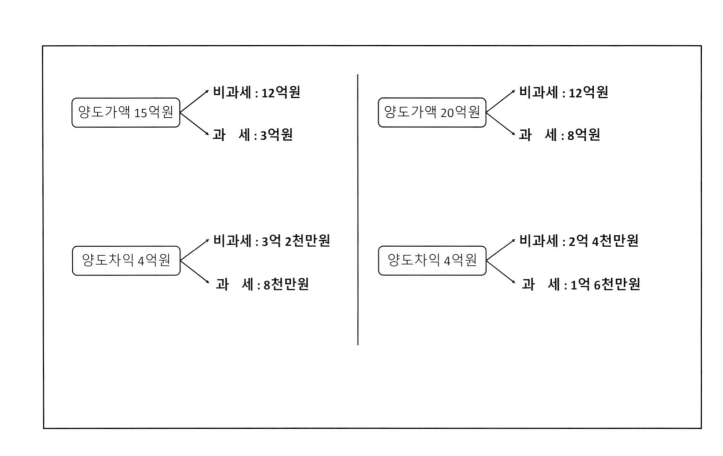

양도가액 15억원 → 비과세 : 12억원 / 과 세 : 3억원

양도가액 20억원 → 비과세 : 12억원 / 과 세 : 8억원

양도차익 4억원 → 비과세 : 3억 2천만원 / 과 세 : 8천만원

양도차익 4억원 → 비과세 : 2억 4천만원 / 과 세 : 1억 6천만원

① 제155조제15항에 따라 **단독주택으로 보는 다가구주택**의 경우에는 그 **전체를 하나의 주택으로 보아** 고가주택 여부를 판단한다.

② 하나의 건물이 주택과 주택 외의 부분으로 복합되어 있는 경우와 주택에 딸린 토지에 주택 외의 건물이 있는 경우에는 **주택으로 보는 부분**(이에 부수되는 토지를 포함한다)**에 해당하는 실지거래가액을 포함**하여 고가주택 여부를 판단한다.

　단, **양도차익 등**을 계산할 때에는 **주택 외의 부분**은 **주택으로 보지 않는다.**

겸용주택		고가주택	
주택 > 주택 외	• 전부 주택	고가주택 범위	• **주택 외의 부분을 포함**하여 판단한다. • 즉, 전체 실지거래가액으로 판단한다.
		양도차익 등 계산	• **주택 외의 부분**은 **주택으로 보지 않는다.** • 즉, 주택부분만 고가주택 계산식을 적용한다.

　부동산등을 매매하는 거래당사자가 **매매계약서의 거래가액을 실지거래가액과 다르게 적은 경우**에는 해당 자산에 대하여 법률에 따른 양도소득세의 비과세에 관한 규정을 적용할 때 **비과세 받았거나 받을 세액**에서 다음 중 **적은 금액**을 뺀다.

① 법률에 따라 양도소득세의 비과세에 관한 규정을 적용받을 경우 비과세에 관한 규정을 적용하지 아니하였을 경우의 양도소득 **산출세액**

② 매매계약서의 거래가액과 실지거래가액과의 **차액**

[조건 : 비과세 요건을 충족한 1세대 1주택]	사례 1	사례 2
• 　매매계약서의 거래가액	10억원	10억원
• 　실지거래가액	9억 8천만원	11억원
• 　비과세 규정을 적용하지 아니한 경우 산출세액	4천만원	4천만원
• 　비과세 받을 금액에서 뺄 금액	2천만원	4천만원

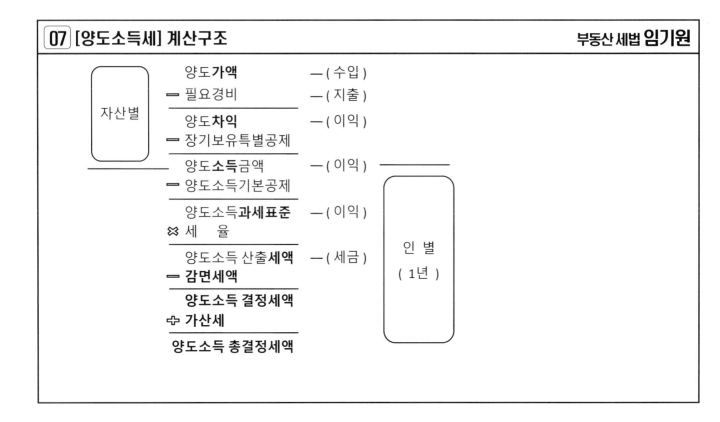

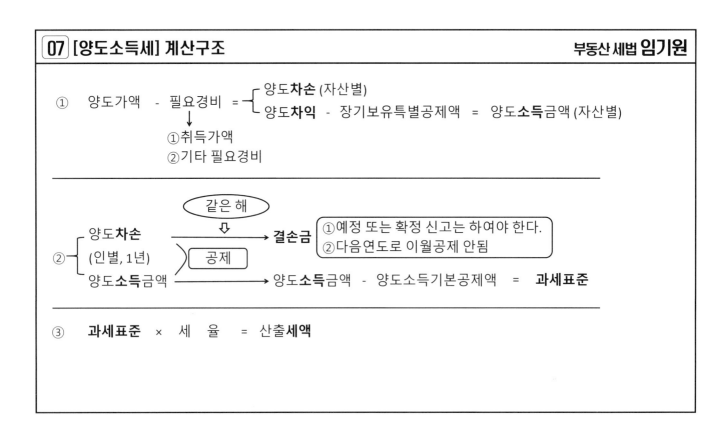

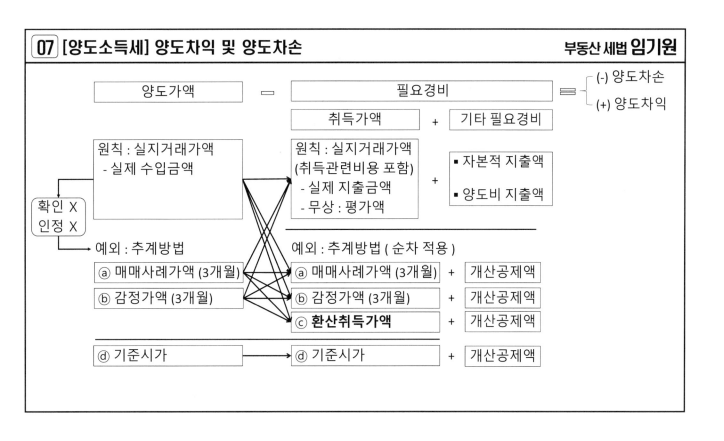

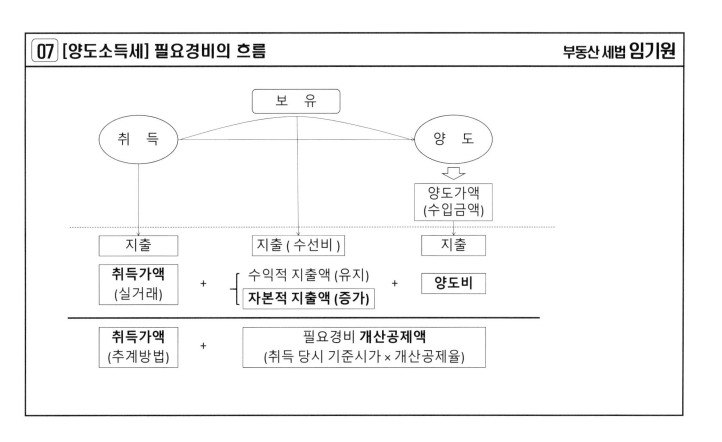

원 칙　양도가액 또는 취득가액은 그 자산의 양도 또는 취득 당시의 **실지거래가액**에 따른다.

예 외　양도 당시 또는 취득 당시의 **실지거래가액을 인정 또는 확인할 수 없는 경우**에는
추계조사하여 결정 또는 경정할 수 있으며, **다음의 방법을 순차적으로 적용**한다.

양도가액　**매**매사례가액 ⇨ **감**정가액 ⇨ **기**준시가
　　　　　(전·후 3개월)　(전·후 3개월)

취득가액　**매**매사례가액 ⇨ **감**정가액 ⇨ **환**산취득가액 또는 **기**준시가
　　　　　(전·후 3개월)　(전·후 3개월)

산정방법

양도가액을 실지거래가액(매매사례가액 · 감정가액 포함)에 따를 때에는 취득가액도
실지거래가액(매매사례가액 · 감정가액 · 환산취득가액 포함)에 따르고, **양도가액을 기준시가에**
따를 때에는 **취득가액도 기준시가에 따른다.**

원 칙

➢ 양도가액은 그 자산의 양도 당시의 양도자와 양수자 간에 **실지거래가액**에 의한다.
　이 경우 **양수인이 부담하기로 한 양도소득세**와 지방소득세는 양도자 부담분을
　양수자가 대신 부담한 것으로 **양도가액에 포함**한다.

➢ 다음의 경우에는 그 가액을 해당 자산의 양도 당시의 실지거래가액으로 본다.
　① 「법인세법」 제2조제12호에 따른 특수관계인에 해당하는 법인에 양도하는 경우로서
　　거주자의 상여 배당 등으로 처분된 금액이 있는 경우에는 「법인세법」 제52조에 따른 시가
　② 특수관계법인 외의 자에게 자산을 시가보다 높은 가격으로 양도한 경우로서
　　「상속세및증여세법」 제35조에 따라 해당 거주자의 증여재산가액으로 하는 금액이 있는
　　경우에는 그 양도가액에서 증여재산가액을 뺀 금액

예 외

양도 당시의 실지거래가액을 **인정 또는 확인할 수 없는 경우**에는 **추계방법을 순차적으로 적용**한다.
매매사례가액 ⇨ **감**정가액 ⇨ **기**준시가
(전·후 3개월)　(전·후 3개월)

필요경비 ⇨ | ① 취득가액 (실지거래가액) + ② 자본적 지출액 + ③ 양도비 |

1. 취득가액

➢ 취득가액은 그 자산 취득에 든 실지거래가액(취득관련 비용 포함)으로 한다.

- 매입한 경우 : 해당 매입가액
- 신축한 경우 : 신축에 소요된 모든 비용(재료비, 노무비, 인건비 등)
- 상속 또는 증여 : 상속개시일 또는 증여일 현재 평가한 가액

➢ 취득 당시 실지거래가액은 다음의 방법을 적용한다.

① 「법인세법」에 따른 특수관계인으로부터 취득한 경우로서 거주자의 상여 · 배당 등으로 처분된 금액이 있으면 그 상여 · 배당 등으로 처분된 금액을 취득가액에 더한다.

② 「상속세 및 증여세법」에 따라 상속세나 증여세를 과세받은 경우에는 해당 상속재산가액이나 증여재산가액 또는 그 증액 · 감액을 취득가액에 더하거나 뺀다.

취득가액에 포함 ○ (필요경비 ○)	취득가액에 포함 X (필요경비 인정 X)
• 중개보수, 법무사비용, 컨설팅 비용 등	
• 취득세, 등록면허세 　(납부영수증 없어도 경비 인정)	• 재산세, 종합부동산세
	• 상속세
• 이월과세 + 증여세	• 증여세
• 폐업시 잔존재화에 대한 부가가치세	• 부가가치세
• 당사자 약정에 의한 이자상당액	• **대출금 이자** / 지급기일의 **지연**으로 인한 **이자**상당액
	• 부당행위계산에 의한 시가초과액
• 소송비용 및 화해비용	• 그 지출한 연도의 **각 소득금액의 계산시 필요경비에 산입**한 금액
• 장기할부 + 현재가치할인차금	• 각 연도의 **사업소득금액 계산시 필요경비에 산입**한 금액
	• 감가상각비로서 각 과세기간의 **사업소득금액 계산시 필요경비에 산입**한 금액
	• 「지적재조사에 관한 특별법」 + 면적 증가로 징수되는 조정금

2. 자본적 지출   Cf. 수익적 지출(단순한 현상 유지를 위한 지출 등)은 필요경비로 인정되지 않는다.

감가상각자산의 **내용연수를 연장**시키거나 당해 **자산의 가치를 현실적으로 증가**시키기 위하여 지출한 수선비를 말한다.

① 제67조제2항의 규정을 준용하여 계산한 자본적지출액

② 양도자산을 취득한 후 쟁송이 있는 경우에 그 소유권을 확보하기 위하여 직접 소요된 **소송비용·화해비용** 등의 금액으로서 그 지출한 연도의 각 소득금액의 계산에 있어서 필요경비에 산입된 것을 제외한 금액

③ 「공익사업을 위한 토지 등의 취득 및 보상에 관한 법률」이나 그밖의 법률에 따라 토지 등이 협의 매수 또는 수용되는 경우로서 그 보상금의 증액과 관련하여 직접 소요된 **소송비용·화해비용** 등의 금액으로서 그 지출한 연도의 각 소득금액의 계산에 있어서 필요경비에 산입된 것을 제외한 금액. 이 경우 증액보상금을 한도로 한다.

④ 양도자산의 **용도변경·개량** 또는 **이용편의를 위하여 지출한 비용**(재해·노후화 등 부득이한 사유로 인하여 건물을 재건축한 경우 그 철거비용을 포함한다)

⑤ 「개발이익환수에 관한 법률」에 따른 **개발부담금** 및 「재건축초과이익 환수에 관한 법률」에 따른 **재건축부담금**

➢ **그 지출에 관한** 법 제160조의2 제2항에 따른 **증명서류**를 수취·보관**하거나** 실제 지출사실이 **금융거래 증명서류**에 의하여 확인되는 경우에 필요경비로 인정된다.

---

3. 양도비

자산을 양도하기 위하여 직접 지출한 비용을 말한다.

① 「증권거래법」에 따라 납부한 증권거래세

② 양도소득세 과세표준 **신고서 작성비용** 및 **계약서 작성비용**

③ **공증비용, 인지대 및 소개비**

④ 매매계약에 따른 인도의무를 이행하기 위하여 양도자가 지출하는 **명도비용**

⑤ 자산을 취득함에 있어서 법령 등에 따라 매입한 **국민주택채권 및 토지개발채권**을 만기전에 양도함으로써 발생하는 **매각차손**. 이 경우 금융기관 외의 자에게 양도한 경우에는 동일한 날에 금융기관에 양도하였을 경우 발생하는 매각차손을 한도로 한다.

➢ **그 지출에 관한** 법 제160조의2 제2항에 따른 **증명서류**를 수취·보관**하거나** 실제 지출사실이 **금융거래 증명서류**에 의하여 확인되는 경우에 필요경비로 인정된다.

필요경비 ⇨ | 취득가액 (추계방법) + 필요경비개산공제액 |

1. 취득가액

➤ 다음의 추계방법을 순차적으로 적용한다.

매매사례가액 ⇨   **감**정가액   ⇨   **환**산취득가액 또는 **기**준시가
(전·후 3개월)   (전·후 3개월)

2. 필요경비 개산공제액

과세대상		필요경비 개산공제액
부동산		취득 당시 기준시가 X 3% (미등기 0.3%)
부동산에 관한 권리	지상권, 전세권 등기된 부동산임차권	취득 당시 기준시가 X 7%
	취득할 수 있는 권리	취득 당시 기준시가 X 1%
기타자산		
신탁 수익권 , 주식, 파생상품		

취득가액을 환산취득가액으로 하는 경우에는 다음의 ①과 ② 중 큰 금액을 필요경비로 할 수 있다.

| ① 환산취득가액 + 필요경비개산공제액 |
| ② 자본적 지출액 + 양도비 |

양도가액 – (취득가액 + 기타 필요경비) = 양도차익(손)

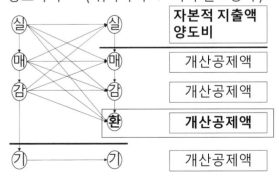

양도**소득**금액은 양도**차익**에서 장기보유**특별공제**액을 **공제**한 금액으로 한다.

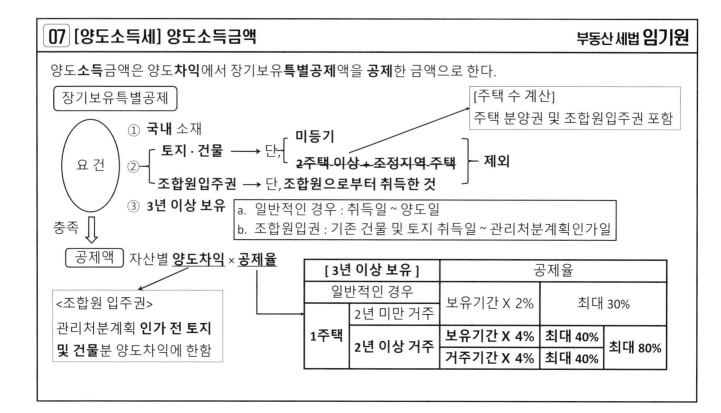

<조합원 입주권>
관리처분계획 **인가 전 토지 및 건물**분 양도차익에 한함

[3년 이상 보유]			공제율		
일반적인 경우			보유기간 X 2%	최대 30%	
1주택	2년 미만 거주				
	2년 이상 거주	보유기간 X 4%	최대 40%	최대 80%
		거주기간 X 4%	최대 40%	

- **주택이 아닌 건물을 사실상 주거용으로 사용**하거나 공부상의 용도를 주택으로 변경하는 경우로서 그 자산이 대통령령으로 정하는 **1세대 1주택**(이에 딸린 토지를 포함한다)에 해당하는 자산인 경우 **장기보유 특별공제액**은 그 자산의 양도차익에 (1)을 곱하여 계산한 금액과 (2)를 곱하여 계산한 금액을 합산한 것으로 한다.

(1)	보유기간별 공제율 (3년 이상 보유)	주택이 아닌 건물로 보유한 기간 X 2%	최대 30%	최대 40%	
		주택으로 보유한 기간 X 4%	최대 40%		
(2)	거주기간별 공제율 (2년 이상 거주)	주택으로 보유한 기간 중 거주한 기간 X 4%	최대 40%		

- 주택으로 보유한 기간은 해당 자산을 사실상 주거용으로 사용한 날부터 기산한다. 다만, 사실상 주거용으로 사용한 날이 분명하지 아니한 경우에는 그 자산의 공부상 용도를 주택으로 변경한 날부터 기산한다.
- 공동상속주택인 경우 거주기간은 해당 주택에 거주한 공동상속인 중 그 거주기간이 가장 긴 사람이 거주한 기간으로 판단한다.

➤ 양도소득금액은 다음 각 호별(4종류)로 구분하여 계산한다. 이 경우 소득금액을 계산할 때
　발생하는 결손금은 다른 호의 소득금액과 합산하지 아니한다.

➤ 양도소득금액을 계산할 때 양도**차손**이 발생한 자산이 있는 경우에는 **각 호별**(4종류)로 해당 자산
　외의 다른 자산에서 발생한 양도**소득금액**에서 그 양도차손을 **공제**한다.

각 호	과세대상	양도차손 공제
1호	부동산 부동산에 관한 권리 기타자산	공 제
2호	신탁 수익권	공 제
3호	주식 등	공 제
4호	파생상품	공 제

> ➤ 양도차손은 다음의 양도소득금액에서 순차로 공제한다.
>   1순위 : **같은 세율**을 적용받는 자산의 양도소득금액
>   2순위 : **다른 세율**을 적용받는 자산의 양도소득금액

● 양도차손은 다른 종류의 양도소득금액에서 공제할 수 없다.

● 양도차손 또는 결손금은 종합소득금액 또는
　퇴직소득금액에서 공제받을 수 없다.

● 양도차손을 공제하고 **남은 잔액(결손금)**은 다음연도로
　이월하여 **공제**받을 수 **없다.**

• 양도소득**과세표준**은 양도**소득금액**에서 양도소득**기본공제**액을 **공제**한 금액으로 한다.

• 거주자의 **양도소득**에 대한 과세표준은 **종합소득 및 퇴직소득**에 대한 과세표준과 **구분하여 계산**한다.

　양도소득기본공제액

• 양도소득세 과세대상인 자산은 보유기간에 관계없이 **모두** 양도소득기본공제 대상이 된다.
• 다만, **미등기** 양도자산(등기로 보는 경우는 제외)은 **제외**한다.

　공제액　소득별 (4종류)로 양도소득금액에서 각각 **연 250만원**을 공제한다.

소득별	국 내	국 외
부동산 부동산 권리 기타자산	연 250만원	연 250만원
신탁수익권	연 250만원	
주식 등	연 250만원	
파생상품	연 250만원	

✓ 양도소득금액에 감면소득이 있는 경우에는 그
　감면소득금액 외의 양도소득금액에서 **먼저 공제**한다.

✓ 감면소득금액 외의 양도소득금액 중에서는 해당
　과세기간에 **먼저 양도하는** 자산의
　양도소득금액에서부터 **순서대로 공제**한다.

[장기보유특별공제와 양도소득기본공제 비교]

	장기보유특별공제	양도소득기본공제
적용 범위	국내	국내 · 국외
적용가능 자산	토지 및 건물 조합원입주권	모든 자산
보유기간	3년 이상 보유	제한없음
공제방법	자산별	소득별(4종류)
공제금액	양도차익 × 공제율	연 250만원
미등기 양도자산 (등기로 보는 경우는 제외)	공제 불가능	공제 불가능
2주택 이상 소유 + 조정대상지역 주택	공제 가능 (~ 26년 5월 9일까지)	공제 가능
비거주자	공제 가능	공제 가능

---

07 **[양도소득세] 세율**

구 분			보유기간		
			~1년 미만	~2년 미만	2년 이상 ~
부동산 부동산 권리	미등기		70%	70%	70%
	등 기 또는 등기 불가능	• 주 택	70%	60%	분양권 60%
		• 조합원입주권			
		• 분양권			누진세(8단계)
		• 그 외 자산	50%	40%	누진세(8단계)
기타자산 (회원권, 영업권, 이축권)			누진세(8단계)	누진세(8단계)	누진세(8단계)
신탁 수익권			누진세(2단계)		
주식 등					
파생상품					

원 칙	
	✓ 8단계 초과누진세율 ┬ 일반적인 경우 : 6 ~ 45% 　　　　　　　　　　 └ 비사업용 토지 : 16 ~ 55%

✓ 다음의 경우에는 누진세율에 다음의 세율을 더한 세율을 적용한다.

　① **지정지역** 내 **비사업용 토지**를 양도하는 경우 : +10% (26 ~ 65%)

　② **조정대상지역**에 있는 **주택**을 양도하는 경우

　　㉠ 주택, 조합원입주권, 분양권의 **합이 2개**인 경우 ⇨ **+20%** (26 ~ 65%)

　　㉡ 주택, 조합원입주권, 분양권의 **합이 3개 이상**인 경우 ⇨ **+30%** (36 ~ 75%)

예외　✓ 비례세 : 40%, 50%, 60%, 70%

---

① 하나의 자산이 세율 중 **둘 이상의 세율**에 해당할 때에는 해당 세율을 적용하여 계산한 양도소득 **산출세액 중 큰 것**을 그 세액으로 한다.

② 지정지역에 있는 비사업용 토지의 경우로서 해당 부동산 보유기간이 2년 미만인 경우에는 초과누진세율에 100분의 10을 더한 세율을 적용하여 계산한 양도소득 산출세액과 40% 또는 50%의 세율을 적용하여 계산한 양도소득 산출세액 중 큰 세액을 양도소득 산출세액으로 한다.

③ 1세대 2주택 이상에 해당하는 조정대상지역에 있는 주택으로서 해당 주택 보유기간이 2년 미만인 경우에는 초과누진세율에 100분의 20 또는 100분의 30을 더한 세율을 적용하여 계산한 양도소득 산출세액과 60% 또는 70%의 세율을 적용하여 계산한 양도소득 산출세액 중 큰 세액을 양도소득 산출세액으로 한다.

```
1세대 3주택 ─→ 주택 양도 ─→ 누진세율(6~45% + 30% = 36~75%) ⇨ 산출세액 ┐
              (조정지역)                                            ├ 큰 것
                 ↓                                                  │
            1년 미만 보유─→        70%                    ⇨ 산출세액 ┘
```

세 율	과세대상		장기보유특별공제	양도소득기본공제
40%	• 2년 미만 보유 + 부동산 및 부동산 권리		불가능	가 능
50%	• 1년 미만 보유 + 부동산 및 부동산 권리		불가능	가 능
60%	• 1년 이상 보유 + 분양권 • 2년 미만 보유 + 주택 및 조합원입주권		불가능	가 능
70%	• **1년 미만 보유 + 주택 · 조합원입주권 · 분양권**		불가능	가 능
	• **미등기**		불가능	불가능
누진세	그 외		불가능	가 능
	국내 + 토지, 건물, 조합원입주권 + 3년 이상 보유		가 능	가 능

조건 : 부동산 + 3년 이상 보유			필요 경비	장기보유 특별공제	양도소득 기본공제	세 율
국 내	일반 부동산(상가 등)		가능	보유 X 2%	250만원	6~45%
	과세 + 1주택 (고가주택)	2년 미만 거주	가능	보유 X 2%	250만원	6~45%
		2년 이상 거주	가능	(보유 X 4%) + (거주 X 4%)	250만원	6~45%
	2주택 이상 + 비조정지역 주택		가능	보유 X 2%	250만원	6~45%
	2주택　　　 + 조정지역 주택		가능	보유 X 2%	250만원	6~45%
	3주택 이상 + 조정지역 주택		가능	보유 X 2%	250만원	6~45%
	비사업용 토지	일반지역	가능	보유 X 2%	250만원	16~55%
		지정지역	가능	보유 X 2%	250만원	16~55% + **10%**
	미등기		가능	**불가능**	**불가능**	70%
국외 소재			가 능	**불가능**	250만원	6~45%

구 분	미등기	등기로 보는 경우
비과세	불가능	가 능
< 계산구조 >		
양도**가액**		
- **필요경비**	**가 능**	가 능
= 양도**차익**		
- 장기보유특별공제	불가능	가 능
= 양도**소득**금액		
- 양도소득 기본공제	불가능	가 능
= **과세표준**		
× 세 율	70%	누진세 40%, 50%, 60%, 70%
= 산출세액		

✓ 등기로 보는 경우(등기 의제)

① **장기할부**조건으로 취득하였으나 계약조건상 양도 당시 그 취득에 관한 **등기가 불가능**한 자산

② **법률**의 규정 또는 **법원**의 결정에 따라 양도 당시 그 취득에 관한 **등기가 불가능**한 자산

③ 비과세 대상인 1세대 1주택으로 「건축법」에 의하여 **건축허가를 받지 아니하여 등기가 불가능**한 자산

④ 비과세 또는 감면이 적용되는 농지

⑤ 「도시개발법」에 따른 **도시개발사업이 종료되지 않아** 토지 취득등기를 하지 아니하고 양도하는 토지

⑥ 건설업자가 「도시개발법」에 따라 공사용역 대가로 취득한 체비지를 토지구획 **환지처분 공고 전**에 양도하는 토지

취 득 —— 피상속인 ——→ 상 속 —— 상속인 ——→ 양 도

- **상속개시 당시**평가액 (시가)
  - 취득세 – 필요경비 포함
  - **상속세 – 필요경비 제외**

상속개시일 ←— 보유기간 / 장기보유특별공제 —

피상속인이 취득한 날 ←—— 보유기간 / 세 율 ——→

1. 일반적인 경우

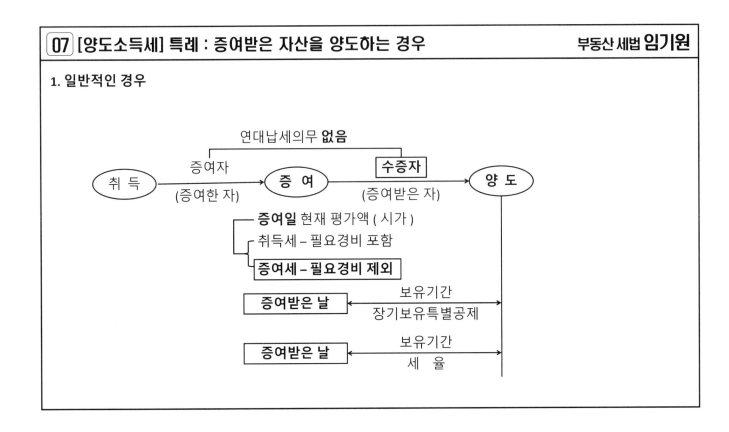

2. 이월과세

• 필요경비에는 증여자가 지출한 자본적 지출액을 포함한다.

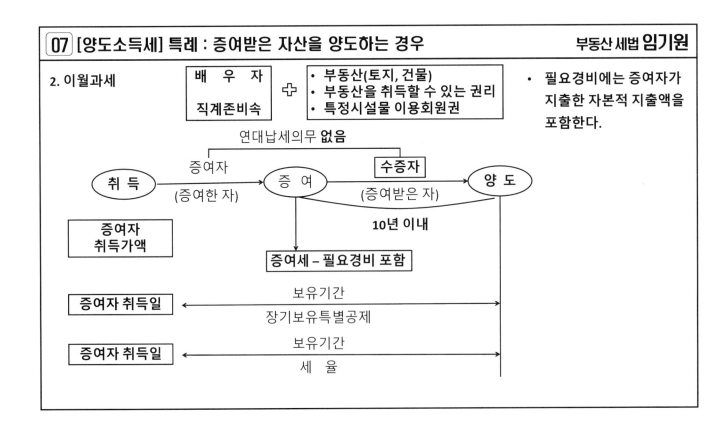

3. 증여 후 양도행위 부인규정

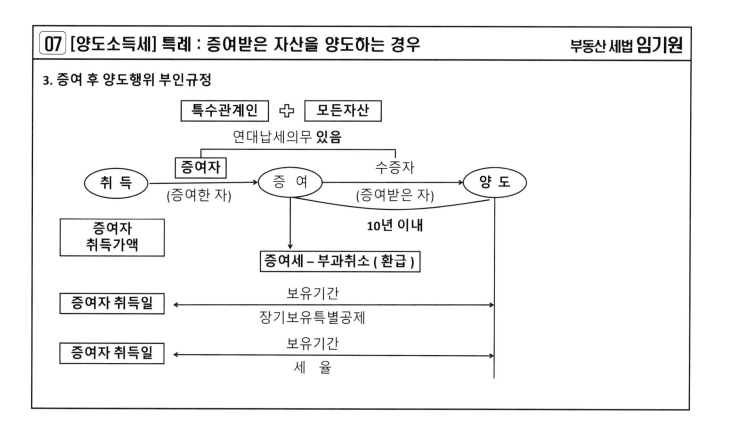

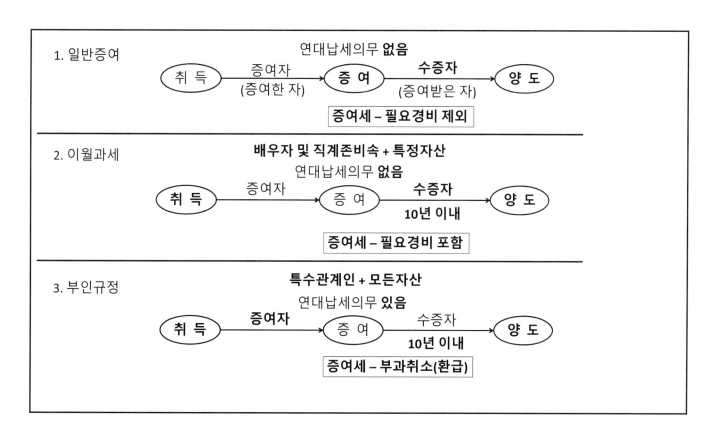

	이월과세		증여 후 양도행위 부인규정
증여자와의 관계	배우자 또는 직계존비속		특수관계인
적용대상	▪ 부동산 ▪ 부동산을 취득할 수 있는 권리 ▪ 특정시설물 이용 회원권		모든 자산
양도기간	10년 이내	=	10년 이내
납세의무자	**수증자 (증여받은 자)**	≠	**당초 증여자**
연대납세의무	**없 음**	≠	**있 음**
기납부 증여세	**필요경비에 산입**	≠	**부과 취소 (환급)**
취득가액	증여자의 취득가액	=	증여자의 취득가액
보유기간	증여자가 취득한 날 ~ 양도일	=	증여자가 취득한 날 ~ 양도일
배제사유	① 사망으로 혼인관계 소멸 ② 협의매수 또는 수용 ③ 1주택 비과세 요건 충족 (고가주택 포함) ④ 이월과세가 더 적은 경우		① 이월과세와 중복된 경우 ② 부인규정이 더 적은 경우

	상속	증여		
		일반적인 경우	이월과세	부인규정
납세의무자	상속인	수증자	수증자	**증여자**
연대납세의무	없음	없음	없음	**있음**
<계산구조>				
양도가액				
- 취득가액	상속인 취득가액 (상속**개시일** 현재 평가액)	수증자 취득가액 (**증여일** 현재 평가액)	**증여자 취득가액**	**증여자 취득가액**
- 기타경비	기납부 상속세 - 필요경비 **제외**	기납부 증여세 - 필요경비 **제외**	기납부 증여세 - **필요경비 포함**	기납부 증여세 -**부과취소(환급)**
= 양도차익				
- 장기보유 특별공제	<보유기간 판단> 상속**개시일** ~	<보유기간 판단> 증여**받은** 날 ~	<보유기간 판단> **증여자 취득일 ~**	<보유기간 판단> **증여자 취득일 ~**
= 소득금액				
- 양도소득 기본공제				
= 과세표준				
× 세 율	<보유기간 판단> **피상속인이 취득한 날~**	<보유기간 판단> 증여**받은** 날 ~	<보유기간 판단> **증여자 취득일 ~**	<보유기간 판단> **증여자 취득일 ~**
= 산출세액				

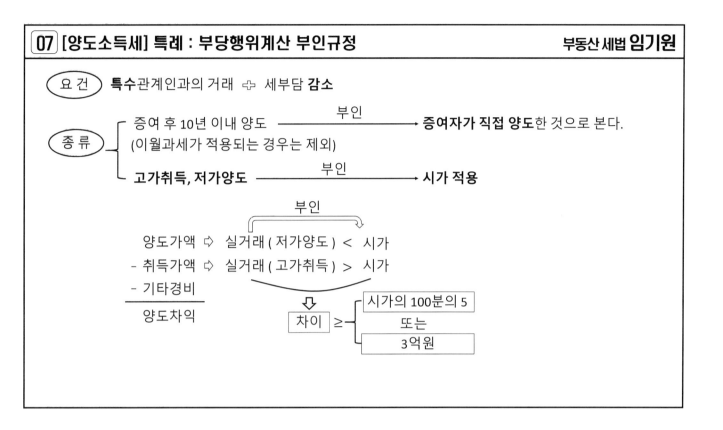

요 건 **특수**관계인과의 거래 ⇨ 세부담 **감소**

종 류 ┌ 증여 후 10년 이내 양도 ──────── 부인 ──────→ **증여자가 직접 양도**한 것으로 본다.
　　　　(이월과세가 적용되는 경우는 제외)
　　　　└ **고가취득, 저가양도** ──────── 부인 ──────→ **시가 적용**

　　　　　　　　　　　　　　　　　　부인
　　　　　　　　　　　　┌─────────────┐
양도가액 ⇨ 실거래 (저가양도) < 시가
- 취득가액 ⇨ 실거래 (고가취득) > 시가
- 기타경비
───────────
양도차익
　　　　　　　　　차이 ≥ ┬─ 시가의 100분의 5
　　　　　　　　　　　　　　또는
　　　　　　　　　　　　└─ 3억원

구분		거래당사자	부당행위	부인여부	양도가액
양 도	실거래 9억원 시 가 10억원	특수관계인 ×	×		9억원
		특수관계인 ○	○	○	10억원
	실거래 9억 6천만원 시 가 10억원	특수관계인 ×	×		9억 6천만원
		특수관계인 ○	○	×	9억 6천만원
	실거래 11억원 시 가 10억원	특수관계인 ×	×		11억원
		특수관계인 ○	×		11억원

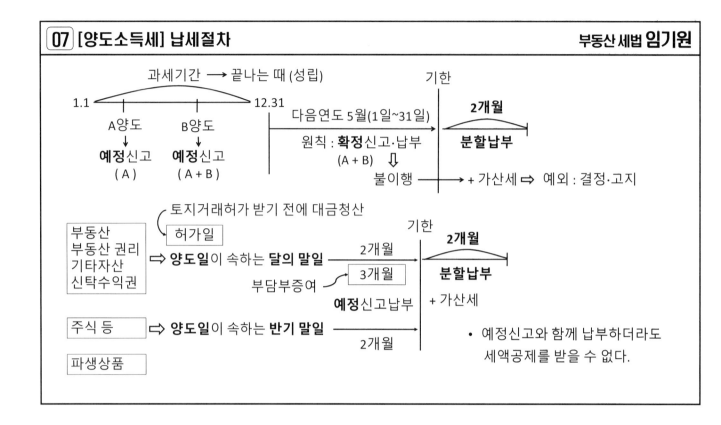

예정신고기한	확정신고기한
① 일반적인 경우 - **양도일**이 속하는 **달의 말일**부터 **2개월** 이내	① 일반적인 경우 - **양도일**이 속하는 **과세기간의** **다음연도 5월 1일부터 5월 31일까지**
② 토지거래허가를 받기 전에 대금이 청산된 경우 - **허가일**이 속하는 달의 말일부터 2개월 이내	② 토지거래허가를 받기 전에 대금이 청산된 경우 - **허가일**이 속하는 과세기간의 **다음연도 5월 1일부터 5월 31일까지**
③ 부담부증여로서 양도소득세 과세되는 경우 - 양도일이 속하는 달의 말일부터 **3개월** 이내	
④ 주식 등 - 양도일이 속하는 **반기** 말일부터 2개월 이내	
⑤ 파생상품 : 예정신고 없음	

	예정신고	확정신고
신고 기한	• 양도일 — 달의 말일 — 2개월 • **허가일** — 달의 말일 — 2개월 • 양도일 — **반기** 말일 — 2개월 • 양도일 — 달의 말일 — **3개월**	• 다음연도 5월 (1일 ~ 31일)
신고 의무	양도차익이 없거나 양도차손이 발생하더라도 신고는 하여야 한다. → 불이행 : 가산세 부과	과세표준이 없거나 결손금이 발생한 경우에도 신고는 하여야 한다. → 불이행 : 가산세 부과

		• 예정신고를 하지 아니한 경우에는 확정신고를 하여야 한다.
		• 예정신고를 한 경우에는 확정신고를 하지 아니할 수 있다. 다만, 다음의 경우에는 예정신고를 하더라도 확정신고를 하여야 한다.
		  ㉠ 예정신고를 2회 이상 한자가 이미 신고한 양도소득금액과 합산하여 신고하지 아니한 경우
		  ㉡ 양도소득세 과세대상을 2회 이상 양도한 경우로서 당초 신고한 양도소득산출세액이 달라지는 경우

 [양도소득세] 가산세   **부동산 세법 임기원**

1. 신고 납부의무 불이행 ⇨ 납부할 **세액** × 가산율

구 분		가산율	
		<일반적인 경우>	<사기나 부정>
신고의무 불이행	무 신 고 가 산 세	100분의 20	100분의 40
	과 소 신 고 가 산 세	100분의 10	
납부의무 불이행	납 부 지 연 가 산 세	㉠과 ㉡을 합한 금액으로 한다. ㉠ 납부일까지 기간 × 10만분의 22 ㉡ 고지서상 납부기한까지 납부하지 아니한 경우 : 3%	

➢ 예정신고와 관련하여 가산세가 부과되는 부분에 대해서는 확정신고와 관련하여 가산세를 적용하지 아니한다.

2. 감정가액 또는 환산취득가액 적용에 따른 가산세

거주자가 건물을 **신축 또는 증축**하고 그 건물의 취득일 또는 증축일부터 **5년 이내**에 해당 건물을 **양도**하는 경우로서 **감정가액 또는 환산취득가액을 그 취득가액으로 하는 경우**에는 해당 건물의 **감정가액 또는 환산취득가액의 100분의 5**에 해당하는 금액을 양도소득 **결정세액에 더한다.**

다음에 해당하는 경우에는 해당 가산세액의 100분의 50에 상당하는 금액을 감면한다. 단, 납부지연가산세는
감면되지 아니한다.

㉠ 예정신고기한까지 예정신고를 하지 아니하였으나 확정신고기한까지 과세표준신고를 한 경우 그 무신고가산세

㉡ 예정신고기한까지 예정신고를 하였으나 과소신고한 경우로서 확정신고기한까지 과세표준을 수정하여 신고한
　경우 그 과소신고가산세

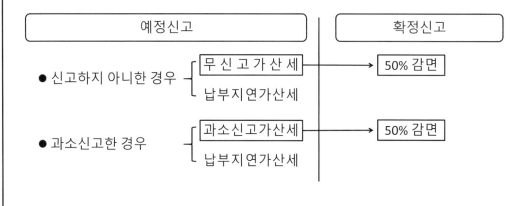

		물 납	분할납부	
			<기준금액>	<분할납부 기간>
취득	취득세	×	×	×
	등록면허세			
보유	재산세	1천만원 초과	250만원 초과	납기로부터 **3개월**
	종합부동산세	×	250만원 초과	납기로부터 **6개월**
양도	양도소득세	×	**1천만원 초과**	납기로부터 2개월

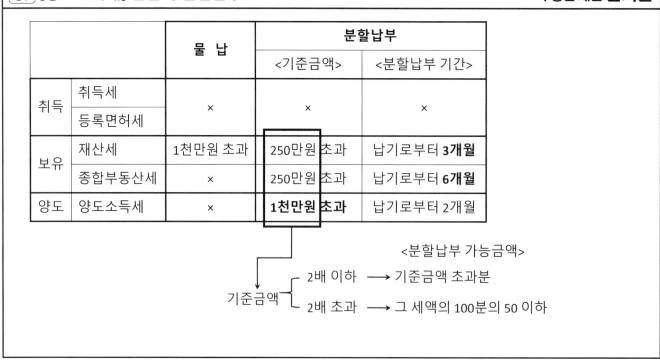

① 납세지 관할 세무서장은 양도소득과세표준과 세액을 결정 또는 경정한 경우 양도소득 총결정세액이 다음의 금액(ⓐ, ⓑ, ⓒ)의 합계액을 초과할 때에는 그 초과하는 세액을 해당 거주자에게 알린 날부터 **30일 이내**에 **징수**한다. (「소득세법」 제116조)

② 납세지 관할 세무서장은 과세기간별로 다음의 금액 (ⓐ, ⓑ, ⓒ)의 합계액이 양도소득 총결정세액을 초과할 때에는 그 초과하는 세액을 **환급**하거나 **다른 국세 및 강제징수비에 충당**하여야 한다. (「소득세법」 제117조)

③ 국세환급금 중 다른 국세 및 강제징수비에 충당한 후 남은 금액은 **국세환급금의 결정을 한 날부터 30일 내에** 대통령령으로 정하는 바에 따라 납세자에게 지급하여야 한다. (「국세기본법」 제51조)

   a. 예정신고납부세액과 확정신고납부세액

   b. 수시부과세액

   c. 원천징수한 세액

---

  1. 납세의무자   해당 자산의 양도일까지 **계속 5년 이상 국내에 주소 또는 거소를 둔 거주자**

	국내 자산 양도	국외 자산 양도	
거주자	✓장기보유특별공제 - 가능(2%, 4%) ✓양도소득기본공제 - 가능(250만원)	5년 미만 주소 또는 거소	납세의무 없음
		5년 이상 주소 또는 거소	✓**장기보유특별공제** ✓양도소득기본공제 - 가능(250만원)
비거주자	✓장기보유특별공제 - 가능(2%) ✓양도소득기본공제 - 가능(250만원)	납세의무 없음	

< 과세대상 구분 >			국내 양도	국외 양도
부동산	토지, 건물		과세대상	과세대상
부동산 권리	지상권, 전세권		과세대상	과세대상
	부동산 임차권	등기된 경우	과세대상	과세대상
		등기되지 않는 경우	-	과세대상
	취득할 수 있는 권리		과세대상	과세대상
기타자산			과세대상	과세대상
신탁 수익권			과세대상	-
주식 등			과세대상	-
파생상품			과세대상	-

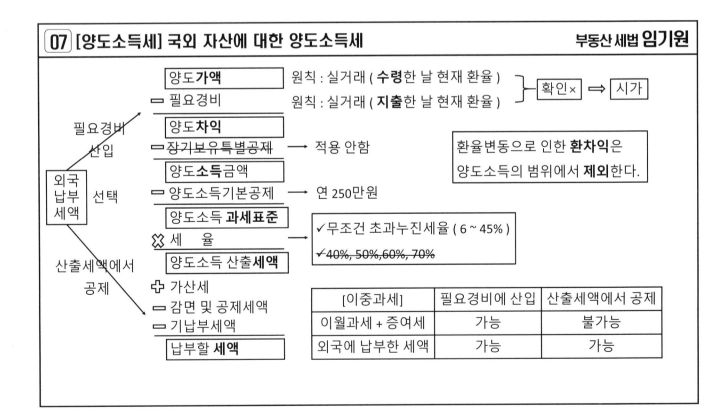

	국내 양도	국외 양도
양도가액	원칙 : 실거래 예외 : **실거래가 확인X ⇒ 추계방법**	원칙 : 실거래 예외 : **실거래가 확인X ⇒ 시가**
필요경비	원칙 : 실거래 ⇒ [취득가액+자본적+양도비] 예외 : **실거래가 확인X ⇒ 추계방법** ⇒ **[취득가액+개산공제액]**	원칙 : 실거래 ⇒ [취득가액+자본적+양도비] 예외 : **실거래가 확인X ⇒ 시가** ⇒ **[취득가액+자본적+양도비]**
장기보유특별공제	**가 능**	X
양도소득기본공제	가 능	가 능
세 율	초과누진세율 **40%, 50%, 60% 70%**	초과누진세율 X
비 과 세	가 능	X
예 정 신 고	가 능	가 능
확 정 신 고	가 능	가 능
분 할 납 부	가 능	가 능
물 납	X	X

제36회 공인중개사 시험대비 **전면개정판**

2025 박문각 공인중개사
임기원 필수서 2차 부동산세법

초판인쇄 | 2025. 1. 20. **초판발행** | 2025. 1. 25. **편저** | 임기원 편저
발행인 | 박 용 **발행처** | (주)박문각출판 **등록** | 2015년 4월 29일 제2019-000137호
주소 | 06654 서울시 서초구 효령로 283 서경빌딩 4층 **팩스** | (02)584-2927
전화 | 교재 주문 (02)6466-7202, 동영상문의 (02)6466-7201

저자와의
협의하에
인지생략

정가 15,000원
ISBN 979-11-7262-575-7